Bennetts J.

18.2.95.

Prier
l'Évangile
avec
le Rosaire

Du même auteur

Chez Desclée de Brouwer :

Traduction des Évangiles :
Matthieu
Marc
Luc
Jean
Les Évangiles, les Quatre (en un volume)

Petite initiation au grec des Évangiles
Le livre des louanges
Mort, immortalité, résurrection
Un cœur qui écoute
Chemins à travers la Bible. Ancien et Nouveau Testament

Les pèlerins d'Emmaüs, Éd. du Cerf

Sœur Jeanne d'Arc, op

Prier l'Évangile avec le Rosaire

Précédé de

Le Rosaire d'hier à aujourd'hui

par Marc Joulin, op

DESCLÉE DE BROUWER

76 *bis*, rue des Saints-Pères, 75007 Paris
ISBN 2-220-03488-7

Le Rosaire d'hier à aujourd'hui

Des psaumes au Rosaire

Un coup d'œil sur le *Petit Robert* nous fait découvrir que le mot rosaire, en français, date de 1495 et qu'il vient du latin médiéval *rosarium*, guirlande de roses dont on couronnait la Vierge. Et notre dictionnaire précise : « Grand chapelet composé de quinze dizaines d'*Ave* précédées chacune d'un *Pater*. » En cherchant au mot chapelet, nous lisons : « Objet de dévotion formé de grains enfilés et groupés par dizaines et que l'on fait glisser entre ses doigts en récitant des *Pater* et des *Ave*. » Notre dictionnaire ajoute : « Prières du chapelet. Dire, réciter son chapelet. » Il mentionne aussi les « chapelets des musulmans, des bouddhistes ».

Nous voici donc en présence d'une forme de prière répétitive très ancienne et qui n'est pas, au moins dans sa structure, spécifique du christianisme. Cependant sur ce dernier point, il ne faut pas forcer les rapprochements. Le chapelet musulman égrène les quatre-vingt-dix-neuf Noms que les hommes peuvent donner à Dieu, mais dont le seul vrai, le centième, est inconnaissable et donc imprononçable. Et dans tous ces noms ne figure pas celui de « Père » caractéristique de la prière chrétienne. Quant aux chapelets bouddhistes, ils sont une forme populaire de soutien d'une méditation qui ne s'adresse jamais à un Dieu personnel. A ce propos le grand théologien allemand Romano Guardini écrivait : « La prière est une activité aussi vieille que l'humanité ; elle obéit donc à des lois essentielles qui se retrouvent partout. Si donc, dans une religion aussi sérieuse que le bouddhisme, né six cents ans avant Jésus-Christ, on trouve une forme de prière qui, à certains égards, ressemble au rosaire, c'est là un argument en sa faveur plutôt que contre lui[1]. »

Le rosaire est donc une prière vieille de plusieurs siècles. Quelle est son origine ? On peut dire qu'il provient dans sa forme actuelle de la conjonction de trois grands courants de la piété médiévale qui ont toujours leur actualité : le besoin d'une prière simple et facile à répéter, la dévotion à la Vierge Marie et le souci d'intérioriser la prière vocale.

Les psaumes, prière juive ou chrétienne ?

La première prière des communautés chrétiennes a été puisée dans le livre des Psaumes. C'est la prière du peuple de Dieu, la prière d'Israël que déjà Jésus pratiquait[2]. Comme beaucoup de ses compatriotes,

1. *Le Rosaire de Notre Dame*, Bloud et Gay, Paris, 1950, p. 13.

2. Cf. sœur Jeanne d'Arc, in *Chemins à travers la Bible*, Des psaumes au Notre Père, Desclée de Brouwer, 1993, p. 171-180.

il devait savoir par cœur un grand nombre de psaumes sinon tous. Il en était de même pour ses premiers disciples comme lui d'origine juive. La plupart des prières mises sur les lèvres de Jésus par les évangélistes sont des versets des psaumes. Par exemple le grand cri douloureux du Crucifié : « Mon Dieu, mon Dieu, pourquoi m'as-tu abandonné ? », est le début du psaume 22 qui se termine par une affirmation de confiance et d'espérance.

Mais ces psaumes juifs n'étaient pas toujours faciles à formuler par des chrétiens. Très tôt on a voulu souligner leur sens par rapport au Christ et à son Église, les christianiser en quelque sorte. Dans les milieux monastiques surtout, on a imaginé de les faire précéder d'une antienne ou d'un verset emprunté au Nouveau Testament et destiné à en orienter la lecture chrétienne. Par exemple avant ce même psaume 22 (devenu 21 dans la traduction latine liturgique), on lisait la parole du Christ ressuscité aux disciples d'Emmaüs : « Ne fallait-il pas que le Messie souffrît pour entrer dans sa gloire ? » Parfois aussi on faisait suivre le psaume d'une oraison qui en reprenait le thème principal et s'adressait au Père ou à la Sainte Trinité, voire à Jésus lui-même. Voici une adaptation moderne de ce genre d'oraison proposée par la dernière édition liturgique du Psautier, toujours pour le psaume 21 : « Pourquoi nous abandonner, ô notre Dieu, si tu n'abandonnes jamais ? Pourquoi ne pas répondre, toi qui suscites la prière ? Pourquoi rester si loin, quand tu as notre confiance ? Laisse-nous t'interroger comme le Christ sur la croix. Comme tu l'as sauvé, sauve-nous. Mets sur nos lèvres son action de grâce pour annoncer au monde ton œuvre de salut. »

Dans la même ligne d'interprétation chrétienne,

le psautier a été divisé en trois livres de chacun cinquante psaumes et un sens global a été attribué à chacune de ces trois parties. La première qui se termine par le psaume 50, le *Miserere*, représente la conversion chrétienne, la seconde l'accueil de la miséricorde et de la grâce avec en conclusion le psaume 100 : « Pour toi je chanterai justice et bonté ! » Quant à la troisième elle anticipe la vie éternelle comme le psaume 150 : « Que tout être vivant chante louange au Seigneur ! »

Une prière pour les simples

Une telle répartition peut paraître arbitraire et peu respectueuse du sens propre de chaque psaume. Mais justement les psaumes, que dans tout l'Occident on chantait en latin, étaient de moins en moins compris. Le latin n'était employé que par une minorité de clercs et de lettrés et il était ignoré de la grande majorité du peuple. Même dans les monastères, seuls les moines de chœur, en règle générale les moins nombreux, étaient lettrés et pouvaient comprendre ce qu'ils chantaient. Dans les très nombreux monastères de femmes, beaucoup de moniales chantaient l'office liturgique sans trop se préoccuper du sens précis de ce qu'elles lisaient. Elles priaient avec la conviction d'accomplir l'*Opus Dei*, l'œuvre de Dieu, la louange de l'Église. Alors elles se contentaient d'indications générales en s'attachant surtout au sens des antiennes et des refrains et cela leur suffisait le plus souvent. Quant aux très nombreux frères et sœurs convers, ils ne savaient ni lire ni écrire. Pendant les offices célébrés dans le chœur, ils récitaient des *Pater*, généralement en même nombre que les psaumes de chaque office.

C'est pour les convers que furent inventés des cordelettes à nœuds, puis des chapelets à grains, permettant de compter les *Pater* par cinquante et par cent cinquante comme les psaumes. Il est possible que ces premiers chapelets aient été fabriqués sous une influence indirecte des musulmans rencontrés lors des pèlerinages en Terre Sainte ou des premières croisades. Des monastères, cette forme de prière gagne les laïcs les plus fervents et devient assez commune dans le peuple chrétien.

Prier Dieu avec la Vierge Marie

Dès le IXe siècle, les auteurs anonymes des textes liturgiques, avaient inventé l'*Ave Maria*, pour l'antienne d'offertoire du quatrième dimanche de l'Avent. Cette antienne groupait quelques paroles de l'Évangile selon saint Luc, la salutation de l'ange à Marie : « Salut pleine de grâce, le Seigneur est avec toi », et l'exclamation d'Élisabeth devant sa cousine : « Tu es bénie entre les femmes et le fruit de ton ventre est béni. » Seul avait été ajouté au texte évangélique le nom de Marie.

La dévotion à la Vierge Marie remonte aux premiers temps de l'Église et a été en quelque sorte officialisée en 431, lorsque le concile d'Éphèse, dans la liesse générale, a proclamé que l'on pouvait donner à Marie le titre de Mère de Dieu. Au XIIe siècle, cette dévotion prend une extension considérable. De nouvelles hymnes et antiennes sont composées dont la plus connue demeure jusqu'à nos jours le *Salve Regina*. L'antienne *Ave Maria* sort de son seul usage liturgique pour devenir une prière populaire très simple que l'on aime à répéter, comme à la même époque en Orient on répète le nom de Jésus dans ce qu'on appelle la prière du cœur. La répétition est le soutien d'une attention contemplative à la Vierge et à son Fils. De même que l'on comptait les psaumes et les *Pater* on se met à compter les *Ave Maria* en se servant de diverses formes de chapelets. Et le psautier marial remplace souvent le psautier des *Pater* ou du moins il est composé avec celui-ci. On trouve par exemple une règle proposée à des ermites allemands qui substitue aux sept heures de l'office liturgique quotidien la récitation de sept fois cinquante *Pater* et cinquante *Ave*. Et en 1202, un chapitre général des moines cisterciens précise que tous les frères convers doivent savoir par cœur le *Pater*, le *Credo*, le psaume *Miserere* et aussi, ce qui est une nouveauté dans les coutumes de Cîteaux, l'*Ave Maria*.

Comme cela a été fait pour les psaumes, on se préoccupe de briser la monotonie, voire le ronronnement machinal, inhérents à toute prière répétitive et on essaie de rapprocher la pratique du psautier de la Vierge d'une méditation plus intérieure. On se souvient peut-être des paroles de Jésus qui forment l'introduction au don du Notre Père : « Dans vos prières ne rabâchez pas comme les païens. Ils s'imaginent qu'en parlant beaucoup ils se feront mieux écouter. N'allez pas faire comme eux. Car votre Père sait bien ce qu'il vous faut avant que vous le lui demandiez. » On reçoit aussi dans un certain nombre de monastères une traduction latine d'une belle prière grecque, l'hymne acathiste. Ce très long poème est une louange de la Vierge tout tissé d'emprunts à l'Ancien et au Nouveau Testament. Il est probable que cette hymne est à l'origine des litanies de la Sainte Vierge, dites litanies de Lorette, qui sont composées elles aussi à cette époque et dont chaque invocation comporte une image biblique assez évidente, interprétée de façon symbolique et poétique.

On propose donc d'interrompre le cours de la récitation en introduisant entre chaque *Ave* une brève louange inspirée de celles de l'hymne acathiste, comme cela se faisait déjà en certains lieux entre chaque psaume pour la récitation privée du psautier. Dans le même temps, on réagit contre un souci exagéré de la quantité. Un auteur cistercien rapporte qu'au cours d'une apparition privée la Vierge Marie réduisit elle-même à cinquante *Ave* les prières quotidiennes d'une religieuse qui voulait en dire beaucoup plus.

Communier à l'humanité sainte du Christ Jésus

Au XIIe siècle, on se contentait de louer très simplement la Vierge Marie. Au XIIIe, une grande attention se porte sur l'humanité de Jésus et sur sa passion. François d'Assise en reste le témoin le plus exemplaire, conformé au Christ dans sa souffrance et dans sa joie. Dans les monastères cisterciens aussi se développe cet amour intense de Jésus-Christ et notamment la vénération du nom de Jésus en qui se récapitule toute son humanité. Ainsi la grande mystique sainte Gertrude prend soin d'ajouter ce nom de Jésus en conclusion de l'*Ave Maria*, bien qu'il ne se trouvât ni dans le texte de saint Luc, ni dans la récitation habituelle. Et comme elle avait une grande culture biblique, elle y joint quelques mots venus de la lettre aux Hébreux : « Jésus splendeur de la gloire du Père et image de son être. » Sans aller jusque-là, un peu partout la mention du nom de Jésus s'impose comme dernier mot de la salutation traditionnelle. Cet ajout n'a l'air de rien mais en réalité il ouvre la porte à une tout autre dimension de la prière mariale. Comme l'a bien souligné le professeur Andréas Heinz dans un petit livre fort érudit[3] : « Plus on comprenait la dimension christocentrique de la salutation angélique, plus on devenait conscient du fait que la réalisation spatio-temporelle du mystère du Christ avait débuté lors de cette salutation à Marie ; c'était donc sans inconvénient que l'on pouvait employer un tel texte comme prière répétitive en méditant les mystères du Fils de Dieu fait homme et né de Marie. »

Tout le sens du Rosaire est là : il s'agit de contempler le Christ avec la Vierge Marie. Le contempler pour entrer dans son mystère sauveur. De l'Incarnation du Fils de Dieu en Jésus de Nazareth à sa mort sur la croix et sa résurrection pascale il y a continuité absolue. Marie en a été humblement instrument et témoin. Avec elle nous prions pour le salut du monde en reprenant inlassablement la méditation des épisodes évangéliques majeurs.

3. Andréas Heinz, *Louanges des mystères du Christ. Histoire du Rosaire*, Téqui, 1990, p. 56.

Au début du XIVe siècle, dans la région de Trèves, des religieuses cisterciennes du monastère de Saint-Thomas-sur-Kyll se servent d'un livre de prières qui contient cent versets à ajouter un par un à chaque *Ave Maria* dans la récitation privée. Cela donne par exemple ceci :

Salut Marie, pleine de grâce (...)
et le fruit de tes entrailles est béni...
Jésus qui nous a créés à son image et ressemblance.
Jésus qui t'a choisi de toute éternité pour être sa mère.
Jésus condamné à la mort la plus infâmante.
Jésus ressuscité le troisième jour.

Ces conclusions d'inspiration évangélique ont par la suite reçu le nom de « clausules » et on va les retrouver sous diverses formes, mais il ne semble pas que cette première liste de cent clausules ait beaucoup débordé le cadre de quelques communautés cisterciennes, peut-être parce qu'elles sont restées en latin et qu'aucune traduction en langue vivante n'en a été faite. Il faut attendre presque cent ans pour voir cette forme de prière se préciser et se répandre par un autre canal.

En 1409, un jeune homme de vingt-cinq ans, Dominique de Prusse entre à la chartreuse de Trèves. Il paraît avoir ignoré, sinon l'existence du monastère de Saint-Thomas-sur-Kill, du moins les méthodes de prière qui y étaient pratiquées. Encore novice Dominique reçoit de son prieur, Adolphe d'Essen, le conseil de réciter chaque jour cinquante *Ave* et de les méditer en fixant son attention sur la personne de Jésus lui-même. Il conçoit alors lui aussi l'idée de joindre à la simple récitation des *Ave* de courtes phrases tirées des évangiles et que l'on pouvait méditer quelque temps avant de passer à l'*Ave* suivant. Sur le modèle du psautier qu'il récitait par ailleurs dans l'Office divin, il divise la vie de Jésus et de sa mère en cinquante courtes méditations qu'il rédige non seulement en latin mais aussi en allemand. La plupart de ces textes n'ont que deux ou trois lignes, mais Dominique en rédige plusieurs séries. Son prieur, séduit par cette proposition nouvelle, fait recopier les clausules de Dominique et les envoie à divers monastères de son ordre. Ceux-ci les communiquent aux nombreux laïcs qui à l'époque recherchent la direction spirituelle des chartreux. Dominique apprend ainsi qu'en Flandre on a l'habitude de réciter non pas 50 *Ave*, mais 150 en parallèle avec la récitation des 150 psaumes. Il rédige donc à la demande de communautés flamandes une série de trois fois 50 clausules. Et comme cela paraît encore trop long, on divise la récitation des *Ave* en dizaines toutes introduites par un Pater.

Notre Rosaire est né. Il est intéressant de voir comment Dominique le présente : « Il ne faut pas s'arrêter aux mots proposés dans ce Rosaire. Chacun selon sa grâce, selon la dévotion que le Seigneur lui donne, peut prolonger tout cela, abréger, améliorer, comme un certain nombre savent le faire. On peut évoquer la vie du Seigneur avec des mots, ou se la représenter subtilement dans sa mémoire, une fois d'une façon, une autre fois autrement. Cela dépend pour chacun de sa grâce, de ses forces, du temps dont il dispose[4]. »

4. Citation d'après André Duval, *Dictionnaire de Spiritualité*, Beauchesne éditeur, tome XIII, col. 938-980, article

Le grand apôtre du Rosaire : Alain de la Roche

Dès le milieu du XIIIe siècle certains frères prêcheurs, qu'on appelait habituellement jacobins ou dominicains, s'intéressaient à tout ce qui pouvait intérioriser la récitation du Psautier de la Vierge. Mais c'est au frère Alain de la Roche que l'on doit la diffusion du Rosaire dans le monde laïc, hors du cercle relativement étroit des cloîtres chartreux ou cisterciens.

Né en Bretagne en 1428, Alain de la Roche entre jeune dans l'ordre des Prêcheurs. Après des études sérieuses à Paris, il mène conjointement — ce qui est rare — une carrière brillante de professeur de théologie et de prédicateur populaire, surtout en Flandre, à partir de 1462, date à laquelle il est envoyé au couvent de Lille. Il noue des liens d'amitié avec les monastères chartreux de Rostock et d'Enghien et connaît probablement par eux les clausules de Dominique de Prusse. Il est séduit et devient un missionnaire du psautier de Marie, enthousiaste, convaincu et convainquant.

A vrai dire ce qu'on a retrouvé de sa prédication est assez déconcertant pour des esprits modernes. Il promet à ceux qui prient le Rosaire quantité d'indulgences et de grâces extraordinaires dont il donne des exemples étonnants. D'après des révélations privées dont il n'indique pas la source (s'agit-il de lui-même ?), il attribue l'origine du Rosaire à saint Dominique, le fondateur de son ordre, mort en 1221. Saint Dominique l'aurait directement reçu de la Vierge Marie. Bien que sans aucun fondement his-

« Rosaire ». Nous devons beaucoup à cette étude magistrale et exhaustive.

L'Ave Maria

Ave Maria	Je vous salue Marie
gratia plena.	pleine de grâce.
Dominus tecum.	Le Seigneur est avec vous.
Benedicta tu	Vous êtes bénie
in mulieribus,	entre toutes les femmes,
et benedictus	et Jésus, le fruit
fructus ventris tui	de vos entrailles,
Jesus.	est béni.
Sancta Maria,	Sainte Marie,
Mater Dei,	Mère de Dieu,
ora pro nobis	priez pour nous
peccatoribus,	pauvres pécheurs,
nunc	maintenant
et in hora mortis nostrae.	et à l'heure de notre mort.
Amen.	Ainsi soit-il.

On a proposé récemment une nouvelle version française qui s'est largement répandue :

Réjouis-toi, Marie,
comblée de grâce.
Le Seigneur est avec toi.
Tu es bénie entre les femmes
et Jésus, ton enfant, est béni.
Sainte Marie, Mère de Dieu,
prie pour nous pécheurs,
maintenant et à l'heure de notre mort. Amen.

torique cette assertion obtient un énorme succès dans l'hagiographie du temps et la légende en sera répétée jusqu'à une époque très récente.

Par rapport aux enseignements des chartreux, l'originalité d'Alain de la Roche tient surtout en ce qu'il prône la création de confréries du Rosaire. Les hommes du Moyen Age avaient un goût très fort pour la vie associative et Alain insiste sur la solidarité spirituelle des membres de chaque confrérie. Celles-ci vont se multiplier en Flandre et en Allemagne autour des couvents dominicains, la première à Douai en 1470. Sans doute la prédication du frère Alain paraît aujourd'hui par trop naïve et il s'est souvent laissé emporter par une imagination peu contrôlée. Du moins a-t-il eu l'exceptionnel mérite d'établir que l'inscription dans une confrérie du Rosaire était absolument gratuite et qu'aucun argent même sous forme d'aumône ne devait être demandé aux confrères. En un temps où trop de membres du clergé étaient la proie du démon de l'argent et alors que le trafic des indulgences battait déjà son plein, ce n'était pas si mal...

Le succès des confréries du Rosaire fut immense et très rapide. Les dominicains obtiennent du pape de solennelles approbations et l'octroi d'indulgences nombreuses, ce qui à l'époque est très apprécié surtout lorsqu'elles ne sont liées qu'à la prière et en aucune manière à l'argent. Dès 1475, à Cologne, l'un des premiers inscrits sur les registres est l'empereur d'Allemagne Frédéric III, ainsi que son épouse Éléonore et son fils Maximilien. Ils sont suivis en une seule année par cinq mille adhérents. Quelques années plus tard, la confrérie de Colmar regroupe six mille cinq cents personnes... Et le phénomène se répand jusqu'en Italie avant de gagner le reste de l'Europe occidentale.

Alain de la Roche est mort à Zwolle le 7 septembre 1475, à la veille de l'institution de la confrérie du Rosaire de Cologne. Il avait dû prêcher environ quinze ans ce qu'on appelait encore couramment le Psautier de Marie, mais, au-delà de sa propre prédication au peuple des villes de Flandre, son influence fut décisive dans son ordre. Les premiers à se laisser convaincre par sa parole chaleureuse ont été ses frères dominicains.

Le Rosaire, prière du peuple chrétien

Les frères prêcheurs sont donc devenus rapidement d'ardents propagandistes du Rosaire et en ont fait une prédication vraiment populaire grâce à l'emploi systématique des langues vivantes. Avec la découverte contemporaine de l'imprimerie, ils multiplient les opuscules qui expliquent comment réciter le Rosaire tout en méditant l'évangile. Beaucoup de ces éditions sont ornées de gravures représentant de manière réaliste chacun des épisodes retenus ; ainsi même les illettrés pourront être guidés dans leur prière. Dans le même esprit de simplification on passe peu à peu de l'usage des cinquante ou cent cinquante clausules, trop difficiles à mémoriser, à celui de proposer un « mystère », c'est-à-dire un épisode évangélique, pour une dizaine d'*Ave*. La liste s'en établit avec de nombreuses variantes jusqu'à ce qu'elle soit officialisée par le pape Pie V, lui-même dominicain, en 1572. Chaque dizaine est précédée d'un Notre Père et suivie de la doxologie empruntée aux coutumes du chant des psaumes : « Gloire

Les quinze mystères du Rosaire

MYSTÈRES JOYEUX :

Par Marie Dieu donne aux hommes un Sauveur

1. Jésus est annoncé à Marie par l'ange Gabriel (Luc 1, 26-38).
2. Marie visite Élisabeth (Luc 1, 39-56).
3. Jésus naît de Marie à Bethléem (Luc 2, 1-20).
4. Marie présente l'enfant Jésus au Temple (Luc 2, 22-38).
5. Marie retrouve dans le Temple Jésus adolescent (Luc 2, 41-50).

MYSTÈRES DOULOUREUX :

Marie suit son Fils dans sa passion

1. Jésus agonise au jardin des oliviers (Marc 14, 32-42).
2. Jésus est flagellé (Marc 15, 6-15).
3. Jésus est couronné d'épines (Marc 15, 16-20).
4. Jésus porte sa croix jusqu'au Calvaire (Marc 15, 21-27).
5. Jésus meurt crucifié (Marc 15, 33-39).

MYSTÈRES GLORIEUX :

Marie partage la gloire de son Fils ressuscité

1. Jésus ressuscite au matin de Pâques (Matthieu 28, 1-10).
2. Jésus monte au ciel vers Dieu son Père (Actes 1, 6-11).
3. Jésus envoie l'Esprit Saint au jour de la Pentecôte (Actes 2, 1-13).
4. Jésus élève Marie dans la gloire de Dieu.
5. Jésus couronne Marie comme Mère de tous les hommes.

au Père, au Fils et au Saint-Esprit pour les siècles des siècles. »

Le même courant de piété populaire conduit à ajouter à l'*Ave Maria* évangélique traditionnel la formule que nous connaissons aujourd'hui comme partie intégrante de la prière, mais celle-ci ne s'est pas généralisée avant la fin du XVe siècle : « Sainte Marie, Mère de Dieu, priez pour nous pécheurs. » (Les « pauvres » pécheurs des traductions françaises n'apparaîtront que beaucoup plus tard.) Est-ce un souci d'exactitude théologique qui a fait accoler « Mère de Dieu » au nom de Marie ? Peut-être... En tout cas l'insistance sur la prière de demande, plus craintive que confiante face à la mort, est bien caractéristique d'une époque traversée par de terribles épidémies de peste et un cortège de guerres qui rend permanente la pensée de la mort et augmente la crainte des châtiments infernaux.

D'où viennent les noms de « chapelet » ou de « rosaire » donnés tant aux cordelettes ou bouliers qui servaient à compter les dizaines qu'à la prière elle-même ? Ils évoquent des chapeaux de fleurs que l'on confectionnait pour coiffer aux jours de fête jeunes filles et jouvenceaux. On avait en certains endroits, surtout en Flandre, l'habitude d'orner des statues de la Vierge avec de telles couronnes de fleurs. Et la comparaison s'imposa : chaque *Ave* récité était comme une rose offerte à la Vierge Marie. Adolphe le Chartreux emploie beaucoup cette image. Par la suite, on a plutôt réservé l'usage de « rosaire » aux quinze dizaines, « chapelet » n'en désignant que cinq. Actuellement on parle plutôt de rosaire en incluant à la récitation la méditation des mystères ; de chapelet lorsqu'on se contente de la seule récitation des dizaines.

Durant la longue crise de la Réforme protestante, le chapelet devient un peu comme l'étendard des catholiques. Les réformés refusent le culte de la Vierge et des saints, les catholiques s'accrochent plus que jamais à la prière mariale. Non seulement les dominicains mais bien d'autres religieux ont continué la prédication du Rosaire, parfois dans des conditions héroïques. On cite un prêtre anglais emprisonné à la tour de Londres en 1584 ; menacé de mort par les anglicans, il rédige un commentaire de quatre à cinq lignes pour chacun des 150 *Ave*[5].

Et chaque fois qu'une cité est en péril que ce soit par fait de guerre ou lors des graves épidémies, on organise de grandes processions où le Rosaire est récité avec insistance pour obtenir de la Vierge Marie la victoire ou la délivrance. L'épisode le plus célèbre est la bataille de Lépante durant laquelle les envahisseurs turcs furent vaincus et repoussés par la flotte catholique de l'archiduc Juan d'Autriche le 7 octobre 1571. Cette victoire fut considérée comme un miracle obtenu par la prière du Rosaire dans laquelle toute la chrétienté s'était impliquée. Le pape Pie V institua le 7 octobre une fête de Notre-Dame du Rosaire en action de grâce pour cette victoire.

Le rayonnement des confréries du Rosaire ne faiblit pas jusqu'à la Révolution de 1789 qui supprima toutes les associations — mais beaucoup survécurent clandestinement et reparurent après la tourmente. Et l'usage du chapelet est devenu absolument courant dans le peuple chrétien bien au-delà des cercles d'influence dominicaine.

Saint Vincent de Paul dit aux premières filles de la charité : « Votre bréviaire, c'est votre chapelet. »

5. Duval, *op. cit.*, col. 957.

Un peu plus tard, saint Louis-Marie Grignion de Montfort, dans ses missions en Vendée et en Bretagne, est un apôtre résolu du Rosaire dont il ne se lasse pas de commenter les mystères. C'est probablement par une conséquence lointaine de sa prédication que, lorsque les Chouans se soulèvent pour la terrible guerre de Vendée, la plupart portent autour du cou leur chapelet. Et ils mourront avec.

En Italie, au milieu du XVIIIe siècle, saint Alphonse-Marie de Liguori fonde son active congrégation de missionnaires rédemptoristes pour le service des pauvres gens des campagnes, et il leur recommande instamment le rosaire et sa prédication. Son livre *Les gloires de Marie* obtient un immense succès et sert souvent de nourriture à ceux qui commentent ou méditent les mystères du Rosaire.

Du Rosaire perpétuel au Rosaire vivant

Dans le même temps, si la récitation commune du Rosaire, surtout à partir des confréries, demeure intense, diverses initiatives visent à en promouvoir l'usage privé. En Italie en 1629, au couvent dominicain de Bologne, d'abord pour conjurer une épidémie de peste, le frère Timotéo Ricci propose une sorte de loterie pieuse pour instituer la récitation perpétuelle du Rosaire. Chaque année compte 8 760 heures. Ricci fait tirer au sort 8 760 billets correspondant à une heure durant laquelle on s'engage à prier en méditant les mystères du Rosaire et en priant pour les agonisants, la conversion des pécheurs et la paix entre les nations. Le succès fut immédiat et à travers les innombrables confréries du Rosaire gagna la France et l'Allemagne.

A Paris en 1647 le frère Jean de Réchac constate que la pratique du Rosaire perpétuel a notablement fait augmenter les adhésions à la confrérie. En trente ans plus de 50 000 personnes s'y sont inscrites, et en trois ans à partir de 1644, 12 000 nouveaux s'inscrivent pour le Rosaire perpétuel. En 1657 le pape Alexandre VII renouvelle les approbations pontificales et le don de nombreuses indulgences.

Après la Révolution de 1789 et ses suites tragiques pour beaucoup d'institutions chrétiennes et leurs membres, les confréries du Rosaire se reconstituent un peu partout, malgré la disparition complète en France des couvents de frères prêcheurs. Seulement on a tendance à se contenter de la récitation des *Ave* et à oublier aussi bien les clausules dans l'esprit de Dominique de Prusse que la méditation évangélique des mystères dans celui d'Alain de la Roche et de la tradition dominicaine. On réduit les mystères à une annonce abstraite : « L'Annonciation, le Recouvrement, la Pentecôte », etc. Selon les préoccupations moralistes du XIXe siècle, on annonce « les fruits du mystère ». Nous retrouvons par exemple dans un vieux missel : « sujet du mystère : nativité ; fruit : détachement et sacrifice » ; ou encore : « sujet : portement de la croix ; fruit : résignation et patience » ; et : « sujet : assomption ; fruit : bonne mort et dévotion à la Sainte Vierge ». Pas grand chose de théologal dans tout cela, sinon que la foi, l'espérance et la charité sont tout de même rattachées à la Résurrection, l'Ascension et la Pentecôte...

Malgré ces faiblesses, une grande figure d'apôtre du Rosaire est à rappeler : Pauline Jaricot. Cette jeune femme lyonnaise, parmi de multiples fondations au service des missions lointaines et des pauvres, lance en 1826 une nouvelle forme de propagation du Rosaire qu'elle appelle « le Rosaire vivant ». Puisque le Rosaire comporte quinze dizaines d'*Ave*, les associés sont groupés par quinzaine dont chaque membre s'engage à réciter chaque jour une dizaine d'*Ave*. De plus chaque nouveau s'engage à trouver cinq autres personnes qui à leur tour en trouveront cinq autres, etc. Chaque mois Pauline envoie aux associés une circulaire, distribuée de porte en porte par les zélatrices — on dirait aujourd'hui les responsables. Dans ces petits bulletins, qui parviennent bientôt à des tirages de plusieurs centaines de milliers d'exemplaires, elle propose surtout de grandes intentions de prière, pour l'Église, les missions et même déjà l'unité des chrétiens. Bouleversée par la découverte de la misère des canuts lyonnais lors des grandes émeutes de 1831 et 1834, Pauline travaille de toutes ses forces pour que le Rosaire pénètre aussi dans les milieux les plus déshérités et devienne un moyen d'évangélisation et de catéchèse parmi les pauvres. A sa mort en 1862 le Rosaire vivant groupe plus de deux millions d'associés. Il existe toujours sous la même forme[6].

Un nouvel élan sera donné à la dévotion au Rosaire par les événements de Lourdes à partir de 1858. La petite Bernadette Soubirous n'avait d'autre moyen de prier que son chapelet. Lorsque les pèlerinages s'organisent à Lourdes et prennent l'ampleur que l'on connaît, la prière du Rosaire y a la première place et la prédication des mystères s'y déploie largement. Les dominicains y ont repris leur rôle traditionnel, mais aussi beaucoup d'autres religieux :

6. Centre du Rosaire, 27, rue Juliette-Récamier, 69006 Lyon.

le Rosaire est devenu non seulement le bien d'une famille religieuse mais un trésor de toute l'Église.

Au temps du Concile

L'époque moderne, peut-être à partir de 1945, a vu en France une certaine désaffection envers les formes traditionnelles de la récitation du Rosaire, parfois considéré péjorativement comme une dévotion de vieilles femmes proche de la superstition. Il est vrai que c'est toute la dévotion à la Vierge Marie qui a parfois été rejeté sans nuance par des catholiques engagés dans des tâches missionnaires urgentes et vivant dans des milieux à l'athéisme tranquille ou agressif. Il est vrai aussi que certains prédicateurs dévots de la Vierge Marie n'ont pas toujours échappé à la mièvrerie, à l'exagération et parfois même à la superstition : « Il n'y a qu'à prier la Sainte Vierge et tous vos malheurs vont s'arranger ! » Ce n'est pas vrai, et même à Lourdes, Marie n'a pas dit cela à Bernadette... Il reste qu'opposer la Mère au Fils est une absurdité. C'est Jésus lui-même qui du haut de la croix dit à son disciple préféré en lui montrant Marie : « Voici ta mère ! », et ces paroles retentissent encore jusqu'à nous.

En 1964, l'un des plus beaux documents produits par le concile Vatican II est incontestablement la *Constitution dogmatique sur l'Église* dont le chapitre 8 est consacré à « la Bienheureuse Vierge Marie dans le mystère du Christ et de l'Église ». On peut y lire entre autres réflexions fort sages et riches de conséquences pour la vie de foi des chrétiens : « En concevant le Christ, en le mettant au monde, en le nourrissant, en le présentant dans le Temple à son

Père, en souffrant avec son fils qui mourait sur la croix, Marie a apporté à l'œuvre du Sauveur une coopération absolument sans pareille. Par son obéissance, sa foi, son espérance, son ardent amour, elle a contribué à rendre aux hommes la vie surnaturelle. C'est pourquoi, elle est devenue notre mère dans l'ordre de la grâce. »

Dans la même ligne, dix ans plus tard Paul VI, dans son Exhortation apostolique, *Le culte marial aujourd'hui*, a parlé avec conviction et intelligence du renouveau de la piété mariale qu'il souhaite biblique, liturgique, œcuménique et anthropologique, c'est-à-dire respectueuse des conditions de vie dans la société contemporaine. Il fait ensuite non seulement un éloge du Rosaire, mais une véritable catéchèse à son sujet. Il disait notamment : « Prière évangélique centrée sur le mystère de l'Incarnation rédemptrice, le Rosaire a donc une orientation nettement christologique. En effet son élément le plus caractéristique — la récitation litanique de l'*Ave Maria* — devient lui aussi une louange incessante du Christ, objet ultime de l'annonce de l'ange et de la salutation de la mère du Baptiste : "Le fruit de tes entrailles est béni." Nous dirons même plus : la répétition de l'*Ave Maria* constitue la trame sur laquelle se développe la contemplation des mystères : le Jésus de chaque *Ave Maria* est celui-là même que la succession des mystères nous propose. » Un peu plus loin Paul VI ajoute : « Sans la contemplation le Rosaire est un corps sans âme et sa récitation court le danger de devenir une répétition mécanique de formules... Par nature, la récitation du Rosaire exige que le rythme soit calme et que l'on prenne son temps. Ainsi la personne qui s'y livre pourra mieux méditer les mystères de la vie du Seigneur vus à travers le cœur de Celle qui fut la plus proche du Seigneur... »

Les Équipes du Rosaire

Tout près de nous le grand apôtre du Rosaire et le rénovateur de son usage, a été un dominicain de Toulouse, le frère Joseph Eyquem (1916-1990). Tout jeune religieux, et bouleversé par le livre d'Henri Godin et Yvan Daniel, *France pays de mission*, le frère Eyquem rêve de devenir prêtre-ouvrier aux côtés du père Loew, sur le port de Marseille. Ses supérieurs en jugent autrement et le chargent de l'apostolat du Rosaire à Toulouse. Les anciennes confréries et associations du Rosaire vieillissant, il fallait trouver le moyen de les vivifier.

Impressionné par le souvenir et l'exemple de Pauline Jaricot, et toujours hanté par le souci d'annoncer l'Évangile aux plus éloignés et aux plus pauvres, le frère Eyquem cherche donc comment rénover et moderniser la prière du Rosaire et surtout comment lui donner une dimension apostolique. La rencontre d'une responsable d'Action catholique, Colette Couvreur, lui fait découvrir les méthodes de travail des groupes de l'Action catholique spécialisée avec leur souci d'insérer dans leur réflexion les questions les plus quotidiennes, la vie concrète de chacun. Pauline Jaricot n'avait jamais demandé aux associés du Rosaire vivant de se réunir. Au contraire, le frère Eyquem va proposer à des laïcs de se réunir entre eux une fois par mois, chez l'un ou chez l'autre, jamais à l'église, pour prier ensemble et discuter librement les textes évangéliques fournis à chaque rencontre par un bulletin mensuel, actuellement

Le Rosaire en équipe. Ensuite chacun pourra prier chaque jour une dizaine du Rosaire. La qualité méditative de chaque mystère évangélique doit toujours garder la priorité sur la quantité des prières vocales. Et la prière soutient et accompagne le témoignage apostolique.

Le recrutement se fait par osmose dans le voisinage et ne se limite pas aux pratiquants réguliers ; au contraire, on a à cœur d'inviter des hésitants, des divorcés, des éloignés, des malades du cœur autant que du corps. Les débuts, à partir de 1958, sont très difficiles mais peu à peu des équipes de quatre à quinze personnes se mettent en place dans la région de Toulouse, puis dans toute la France. Quelques dominicains, pour la plupart déjà engagés dans le service des associations du Rosaire et du pèlerinage annuel du Rosaire à Lourdes, comprennent l'originalité et l'intérêt apostolique du mouvement lancé par le frère Eyquem et participent à son effort, puis des prêtres, des évêques. Le mouvement s'organise sur le modèle de l'Action catholique avec des responsables diocésains laïcs, assistés par des aumôniers diocésains. Il ne se présente pas seulement en mouvement de spiritualité mais en même temps en mouvement d'action apostolique.

En 1972, le Maître général de l'ordre des frères prêcheurs reconnaît les Équipes du Rosaire comme légitimes héritières des anciennes confréries et les recommande à la sollicitude de tout l'ordre dominicain. La même année, l'épiscopat français agrée les Équipes du Rosaire ; les statuts définitifs seront approuvés en 1976. Le pape Paul VI les définit comme « des petits groupes de prières missionnaires en plein monde, fraternels et accueillants ». Jean-Paul II, en 1984, dit aux délégués venus en pèlerinage à Rome : « Vous avez eu le bonheur d'être un jour invités à entrer dans un mouvement d'Église, à la fois marial et missionnaire (...). Accomplissez un travail apostolique concret dans votre milieu et vos tâches quotidiennes. »

En 1990, les Équipes adoptent une structure internationale. Des équipes se sont créées en Europe, en Afrique, à La Réunion, à l'île Maurice, à Madagascar, en Australie. Le bulletin mensuel est édité en sept langues : français, anglais, allemand, italien, espagnol, portugais, malgache. En France, en 1994, environ 8 000 équipes sont en activité[7].

Le frère Eyquem prenait grand soin d'utiliser des clausules évangéliques pour aider à la méditation de chaque mystère, et le bulletin mensuel en propose de nouvelles pour chaque réunion des Équipes. Elles s'inscrivent ainsi dans l'ancienne tradition spirituelle de Dominique de Prusse et d'Alain de la Roche autant qu'elles sont héritières de l'angoisse missionnaire de Pauline Jaricot. Le frère Eyquem a clairement expliqué la portée évangélique de la prière du Rosaire telle qu'il l'a proposée aux Équipes, mais aussi pour tous ceux qui sont soucieux d'une prière mariale éclairée, dans un petit livre publié en 1968 et plusieurs fois réédité, *Aujourd'hui le Rosaire*[8]. Il explique la richesse permanente du Rosaire qui est une prière en Jésus-Christ, une prière mariale d'union au Christ. Il souligne la structure théologique du déroulement des mystères : les mystères de l'enfance sont centrés sur l'Incarnation du Fils de

7. Pour plus de renseignements : Secrétariat national des Équipes du Rosaire, 222, rue du Faubourg-Saint-Honoré, 75008 Paris.

8. Éditions du Cerf, collection Foi vivante, n° 269.

Dieu, les mystères de la passion sur la Rédemption par la croix du Christ Sauveur, les mystères de la Résurrection ouvrent sur le Retour du Christ en gloire et le salut du monde.

Au moment du concile, certains posaient la question : « Dans une Église qui se met à jour, faut-il mettre à jour le Rosaire ? » La question était provoquée par la constatation que le cadre des quinze mystères classiques comporte un silence complet sur la vie publique de Jésus et sur sa parole alors que Marie est mentionnée parmi ceux qui suivaient Jésus et l'écoutaient. On proposait par exemple une série des mystères du Royaume évoquant les paraboles et la prière du Notre Père « que ton règne vienne ».

Le frère Eyquem acceptait quelques ajouts à titre exceptionnel, par exemple les noces de Cana, le repas pascal et la prière au Cénacle de Marie et des apôtres avant la Pentecôte. Mais il tenait à garder habituellement la structure traditionnelle pour l'ensemble des mystères. Il soulignait que c'est celle même de la grande hymne de l'épître aux Philippiens qui montre le Fils de Dieu anéanti comme un esclave dans l'Incarnation, obéissant jusqu'à la mort de la croix et proclamé Seigneur à la gloire de Dieu le Père. Dans ses écrits, saint Paul ne se réfère jamais à la vie publique de Jésus, ni à son baptême, ni à sa transfiguration, ni à son entrée triomphale à Jérusalem. Paul ramène tout au mystère essentiel du Christ Fils de Dieu fait homme pour nous sauver par sa mort et sa résurrection. Et le Credo a la même démarche, par exemple, dans le Symbole de Nicée : « Par l'Esprit Saint il a pris chair de la Vierge Marie et s'est fait homme. Crucifié sous Ponce Pilate, il souffrit sa passion et fut mis au tombeau. Il ressuscita le troisième jour… » La répartition des mystères selon les trois séries traditionnelles a donc une grande valeur théologale, elle est sérieusement fondée sur l'Écriture. Elle a aussi le mérite d'une grande simplicité qui la rend facile à mémoriser. Pour autant exclut-elle d'autres possibilités pour une libre méditation ? Sœur Jeanne d'Arc ne le pensait pas et tel est l'objet de l'essai qu'elle a rédigé et que nous vous présentons maintenant.

Les propositions de sœur Jeanne d'Arc

Il y a plus de trente ans, sœur Jeanne d'Arc écrivait : « Ce n'est pas en proposant des considérations pieuses ou moralisantes en festons tout alentour de la doctrine qu'on la rend nourrissante ; c'est au contraire en la donnant de la façon la plus pure possible que les âmes croyantes et données y reconnaissent le goût de la vérité divine et apprennent à en vivre[9]. » L'esprit dans lequel sœur Jeanne d'Arc a travaillé sa vie entière s'exprime clairement dans ces lignes.

Originaire de Lorraine, elle est entrée à vingt et un ans, en 1932, chez les dominicaines des Tourelles à Montpellier. Cette communauté proposait à ses membres non seulement une authentique vie contemplative dans l'esprit apostolique de saint Dominique mais aussi un sérieux programme d'études théologiques inspiré de celui que suivaient les jeunes frères prêcheurs. La communauté avait reçu la forte influence du père Lagrange, fondateur de l'École biblique de Jérusalem, qui venait souvent

9. *Les religieuses dans l'Église et dans le monde actuel*, Le Cerf, 1964, p. 225.

parler aux sœurs jusqu'à sa mort en 1938. Sœur Jeanne d'Arc se mit, de façon autodidacte mais avec un certain génie personnel, à l'étude du grec et de l'hébreu et devint rapidement la première femme catholique ayant une compétence biblique reconnue dans l'Église et bien au-delà. Cela lui valut toutes sortes d'invitations à des réunions et des congrès biblistes où elle se trouvait en général la seule femme. Résidant dans un couvent de sa congrégation près de Paris, et malgré une santé précaire, elle a donné d'innombrables cours bibliques et organisé des sessions de formation un peu partout en France, en Belgique, au Canada et jusqu'en Amérique latine.

Au moment du concile Vatican II, elle publie un livre important sur la place et la mission des religieuses dans l'Église et dans le monde actuel.

Dès 1955, elle avait collaboré à la publication de la Bible de Jérusalem. Puis elle anime l'équipe d'exégètes qui va réaliser la *Concordance du Nouveau Testament*. C'est elle qui a eu l'initiative de ce travail considérable. Il s'agissait d'établir une sorte de table analytique où sous chaque mot du Nouveau Testament seraient répertoriés tous les textes qui contiennent ce mot. Sœur Jeanne d'Arc a eu l'idée de ne pas classer matériellement les mots de l'une ou l'autre traduction française mais de les rassembler par thèmes d'après la langue originale grecque et en tenant compte des précédants hébraïques des expressions bibliques. Elle avait conçu le dessein de faire la même chose pour l'Ancien Testament mais ce projet, faute de moyens, ne put aboutir.

Mais la grande œuvre de sœur Jeanne d'Arc a été la réalisation d'une traduction nouvelle des quatre

Évangiles[10]. Cette traduction se veut très proche du texte grec afin d'essayer d'en retrouver l'originalité parfois rude et déconcertante, mais souvent aussi marquée par un rythme et une poésie que la traductrice a su faire percevoir de manière neuve[11].

De plus en plus touchée par une polyarthrite évolutive, elle s'efforce de mener à bien ses derniers travaux. Parallèlement à une Initiation biblique[12], elle cherche les voies pour « renouveler le Rosaire par l'Évangile ». D'où les propositions qui suivent, texte à la fois achevé (12 thèmes ont été rédigés) et ouvert (des références sont données pour constituer plusieurs autres thèmes). On y retrouve la bibliste passionnée qu'elle a été toute sa vie, mais aussi l'humilité profonde de quelqu'un qui sait que la fin de son combat est proche. Elle ne pouvait plus se servir de sa machine à écrire ni même d'un crayon et elle a dicté à ses intimes le texte que nous publions. Elle nous écrivait peu de temps avant sa mort survenue le 16 mars 1993 :

« Voici un ensemble de projets sur le Rosaire. Il y a deux paquets distincts :

— L'un concerne l'aménagement des mystères avec une proposition pour la structure des dizaines. Il est d'ailleurs possible de l'adopter partiellement. Si vous essayez de l'utiliser, je vous serais reconnaissante de me signaler ce qui fait difficulté, ce qui

10. Édition grec-français en 4 volumes, coédition Les Belles Lettres/Desclée de Brouwer, 1986-1990. Édition français seul en 4 volumes, Desclée de Brouwer, 1988-1991. Édition en un volume poche, Desclée de Brouwer, 1992.

11. Cf. « Préface à la traduction des quatre Évangiles », dans le volume *Marc*, grec-français.

12. *Chemins à travers la Bible*, Desclée de Brouwer, 1993.

serait à modifier ou à améliorer... Il est indispensable d'avoir quelques tests sérieux sur la viabilité du projet.

— Un essai de traduction de l'*Ave Maria*[13], tout à fait indépendant de ce qui précède. Je ne sais d'ailleurs pas dans quelle mesure il est concrètement utilisable pour la prière. Des amies qui l'ont adopté m'ont assuré qu'après quelques semaines d'entraînement, elles pouvaient couler leur prière dans ces formules mieux que dans les anciennes. Je ne sais. Mais en tout cas, j'ai voulu faire prendre conscience de la valeur théologique des mots du texte inspiré et de l'aplatissement que leur font subir des traductions qui nous sont familières. Ainsi peut-être ceux qui guident la prière du peuple fidèle pourront faire passer des notions plus justes, même en employant des formules imparfaites.

Vous avez toute liberté pour user de ces textes à votre gré. Mon seul désir est de servir. »

Nous n'avons rien retouché des textes de sœur Jeanne d'Arc. Il nous semble que sa traduction de l'*Ave Maria* est un peu trop technique pour avoir la chance de remplacer la version actuellement employée le plus souvent : « Réjouis-toi, Marie. » Mais cette proposition fait réfléchir et reconnaître la fragilité de certaines discussions, parfois animées, sur le bien fondé de telle ou telle formulation dite traditionnelle ou seule vraiment conforme à l'original grec sinon araméen.

En relisant cette dernière lettre de sœur Jeanne d'Arc, je dois reconnaître avoir été touché d'abord et en profondeur par son humilité. Cette femme à

13. Voir p. 17.

la forte personnalité, femme de science et femme d'action, a fini sa vie en méditant sur la prière[14] et en voulant aider les autres à prier : « Mon seul désir est de servir. » En définitive, il n'est de vraie prière que dans l'humilité. Quelles que soient les méthodes préconisées pour une prière du Rosaire plus contemplative et plus évangélique, elle demeure une grande école d'humilité et de simplicité confiante. Le Rosaire est toujours supplication et louange devant un seul grand mystère : celui du fils de Marie, Jésus Christ Fils de Dieu Sauveur. Sœur Jeanne d'Arc ne nous dit pas autre chose. Mais elle a tenté de le dire d'une manière neuve au plus près des Évangiles.

Fr. Marc Joulin, op

14. Cf. *Un cœur qui écoute.*

Prier l'Évangile avec le Rosaire

Depuis des siècles, le peuple fidèle médite les 15 mêmes mystères du Rosaire, répartis en « joyeux », « douloureux », « glorieux ». Cette répartition, très théologique, fixée sur Enfance, Passion et Résurrection, laisse de côté toute la vie publique de Jésus, ses œuvres et son enseignement. Elle ne touche pas non plus à des événements aussi importants que son baptême ou la Transfiguration.

D'autre part, beaucoup de personnes ressentent une difficulté à méditer l'Évangile : on ouvre le Livre et on voit Jésus appeler un disciple, traverser le lac, guérir un possédé, raconter une parabole, être pris à partie par des pharisiens, faire un « discours »... Mais, faute d'une suffisante familiarité avec ces textes, on ne perçoit pas toute la portée des gestes et des paroles.

C'est pourquoi je pense qu'une bonne manière

d'intérioriser l'Évangile serait de *le prier à l'aide du Rosaire* : s'en imprégner en arrêtant son attention le temps d'une dizaine, l'approfondir et l'assimiler grâce à des chapelets organisés par thèmes de 5 mystères. Allier le type de prière répétitive du Rosaire et son invocation de la Vierge Marie — dont les « petites gens » ont su tirer tant de profit ! — à la méditation de l'Évangile.

La répartition des mystères reste traditionnelle : on a groupé 5 mystères autour d'un même thème, soit en rapprochant des épisodes différents — par exemple des guérisons —, soit en regroupant des paroles de Jésus — par exemple quand il dit « Je suis » —, soit en s'attachant aux relations de Jésus avec les apôtres, les femmes, etc., soit en méditant un texte suivi (Les mages, Les pèlerins d'Emmaüs). Au total 12 thèmes de 5 mystères ont été rédigés[1] :

1. Les mystères joyeux vécus par Joseph
2. Les mages
3. Les manifestations de Jésus
4. La vie quotidienne de Jésus
5. Des guérisons
6. Les apôtres de Jésus

1. Sœur Jeanne d'Arc avait constitué plusieurs autres thèmes de 5 mystères (dont les références sont données en annexe) : elle n'a pu les rédiger. Elle envisageait une répartition soit chronologique, soit thématique (par exemple : Épisodes, Relations de Jésus, Paroles, Enseignement, En suivant un texte, etc.). Nous avons adopté l'ordre chronologique pour les 12 thèmes rédigés. *(Note de l'Éditeur.)*

7. Les amis de Jésus
8. Jésus dit : « Je suis » (1)
9. Jésus dit : « Je suis » (2)
10. Les rencontres de la Passion (selon Luc)
11. Les apparitions du Christ ressuscité
12. Les pèlerins d'Emmaüs

Grâce au regroupement par thèmes, l'Évangile est exploré en ses chemins divers, mais aussi des rapprochements sont opérés qu'on n'avait peut-être jamais faits : méditer tous les passages où Jésus dit « Je suis » peut apporter une grande lumière sur le mystère de la personne du Christ.

Mais le secret du Rosaire est la répétition assidue. Il ne faut pas sauter trop vite d'un thème à un autre : il faut choisir un thème (2 ou 3 au maximum), le redire, le répéter avec persévérance, jusqu'à ce qu'il ait pénétré nos automatismes, jusqu'à ce qu'il soit passé dans nos réflexes. Quand on « possédera » à fond les 5 passages d'évangile de ce chapelet, alors seulement on passera à un autre. Notre trésor personnel s'accroîtra lentement mais sûrement : cela ne demande ni beaucoup d'instruction ni connaissances particulières, cela se fait par l'insistance et la persévérance[2].

2. Voir Luc 11, 5-13 ; 18, 1-8.

Le « Je vous salue Marie »

Le *Je vous salue Marie* est composé de deux parties bien différentes :

— La première est le texte évangélique : la salutation de l'Ange à Marie, suivie de la salutation d'Élisabeth. Bénédiction, acclamation, éloge, contemplation :

Je vous salue Marie
  pleine de grâce.
Le Seigneur est avec vous.
Vous êtes bénie
  entre toutes les femmes,
Et Jésus, le fruit de vos entrailles,
  est béni.

— La deuxième partie est une prière de demande adressée à Marie par le fidèle. Dans le mode habituel de récitation, c'est la réponse du peuple à la louange de la première partie :

Sainte Marie, Mère de Dieu,
priez pous nous pauvres pécheurs,
maintenant et à l'heure de notre mort.

Pour « prier l'Évangile avec le Rosaire », seule la première partie du *Je vous salue* sera récitée au cours de la dizaine, complétée par un *répons* en rapport avec le mystère médité. La deuxième partie — intercession — sera réservée pour la conclusion de la dizaine.

Le texte latin de l'*Ave Maria*, se terminait sur Jésus. Rappelez-vous :

Ave, Maria, gratia plena.
Dominus tecum.
Benedicta tu in mulieribus,
et benedictus fructus ventris tui,
Jesus.

Ce « Jésus » (qui n'est pas dans le texte de l'Évangile) a été ajouté également en français, mais maladroitement inséré en milieu de phrase. Il serait bon d'adopter une traduction qui permette d'enchaîner le répons sur le nom de Jésus. Pour diverses raisons, dont cette place finale de « Jésus », nous proposons une « nouvelle traduction » (voir en annexe : Proposition pour une traduction de l'*Ave Maria*) :

Grâce sur toi, Comblée de grâce.
Le Seigneur avec toi.
Tu es bénie entre les femmes,
et ton fils est béni,
Jésus (qui...)

Si l'on préfère utiliser les traductions en usage, un court silence après « est béni » permet d'enchaîner avec le répons.

Proposition pour la récitation

Prenons le chapelet des guérisons, p. 87.

Au nom du Père, du Fils et du Saint-Esprit. Amen.

Notre Père...

On peut ici formuler des intentions. Elles seront dites une fois pour tout le chapelet.

Énoncé du thème et de ses 5 titres :

Des guérisons :

1. **Le lépreux purifié**
2. **La femme redressée**
3. **Le sourd entend**
4. **Le muet parle**
5. **L'aveugle voit**

S'il s'agit d'une prière publique, l'animateur peut donner ici une brève explication. Par exemple :
Jésus est passé en faisant le bien. Les guérisons sont d'abord la preuve de sa bonté, de sa tendresse : il est profondément ému par la souffrance. Mais elles sont en même temps le signe même du salut qu'il est venu opérer pour délivrer les hommes du mal, de tous les maux.

Ou bien dire simplement :
Que Marie nous obtienne de pénétrer plus profondément les mystères du Christ et de l'Église.

Puis, chaque dizaine commence par le texte de l'Évangile qui prend la place du Notre Père.

1re dizaine : le lépreux purifié (Marc 1, 40-42)

Vient vers lui un lépreux.
Il le supplie, tombe à genoux en lui disant :
« Si tu veux, tu peux me purifier. »
Remué jusqu'aux entrailles,
il tend la main, le touche et lui dit :
« Je veux : sois purifié ! »
Aussitôt, s'en va de lui la lèpre :
il est purifié !

Dans la récitation en groupe l'animateur peut éclairer le texte par un petit commentaire. Par exemple :

La lèpre qui ronge tout le corps et qui rend impur est aussi le symbole du péché qui ravage l'humanité. Jésus est remué jusqu'aux entrailles par la supplication de cet homme et il le guérit.

Puis il indique le répons, qui est repris par l'assemblée :

Jésus qui a purifié le lépreux

*On récite alors la dizaine en ne disant que la première partie de l'*Ave Maria *que l'on termine par le répons :*

Grâce sur toi, Comblée de grâce.
Le Seigneur est avec toi.

Tu es bénie entre les femmes,
et ton fils est béni,
Jésus, qui a purifié le lépreux.

Après le dernier Ave *de la dizaine, une oraison formule la prière de demande qui introduit l'intercession du* Sainte Marie. *Par exemple, ici :*

Seigneur, Jésus, toi qui as purifié le lépreux, nous te supplions de nous purifier de toutes les lèpres de l'âme et du corps, de ce qui nous ronge et nous rend impurs. Nous te le demandons par l'intercession de Marie, ta Mère :

Sainte Marie, Mère de Dieu,
prie(z) pour nous, pauvres pécheurs,
maintenant et à l'heure de notre mort.

Gloire au Père...

Structure résumée de récitation de chaque dizaine

- Énoncé du mystère
- Texte de l'Évangile
- (Commentaire)
- Récitation de la dizaine : chaque *Ave* est terminé par le répons au lieu du *Sainte Marie.*
- Oraison : terminée par le *Sainte Marie*
- Gloire au Père...

1

Les mystères joyeux vécus par Joseph

Les mystères joyeux du Rosaire traditionnel sont tous empruntés à l'Évangile de Luc. Chez Matthieu la substance des faits est la même, mais ils sont vus du point de vue de Joseph ; cela enrichit notre méditation d'un regard complémentaire.

1. Marie promise à Joseph
2. Fils de David
3. Les mages venus d'Orient
4. La fuite en Égypte
5. Nazareth

1. Marie promise à Joseph

Texte: Mt 1, 1.18-19

De Jésus Messie, telle fut la genèse:
Sa mère, Marie, était promise à Joseph.
Avant qu'ils viennent ensemble,
il se trouve qu'elle a dans ses entrailles,
d'Esprit saint.
Joseph, son mari, est un homme juste.
Il ne veut pas la faire montrer du doigt:
il décide de la renvoyer à la dérobée.

Commentaire:

Joseph, devant la révélation du mystère ineffable de Marie, adore et s'émerveille. Pénétré d'humilité, cet homme juste et saint ne veut pas projeter son ombre sur la scène, paraître s'approprier l'œuvre de Dieu; il décide de s'effacer, de disparaître: renoncer au statut de fiancé, en se séparant discrètement de Marie, pour la laisser tout entière sous la mouvance de l'Esprit.

Répons:

Jésus qui a été conçu de l'Esprit Saint

Oraison:

Seigneur, nous adorons le mystère de ton incarnation et nous contemplons la sainteté de ceux

que tu as choisis pour l'entourer. Donne-nous l'intelligence de la foi, pour que nous pénétrions mieux l'Évangile. Que Marie, ta Mère très sainte, ouvre notre esprit et notre cœur.
Sainte Marie...

2. Fils de David

Texte: Mt 1, 20-21

Comme il est dans ce propos, voici :
un ange du Seigneur, en rêve, paraît
et lui dit :
« Joseph, fils de David,
ne crains pas de prendre avec toi Marie,
ta femme,
car ce qui en elle est engendré
est d'Esprit saint.
Elle enfantera un fils.
Tu l'appelleras de son nom, Jésus,
car lui sauvera son peuple de leurs péchés. »

Commentaire:

Joseph avait pris sa décision, douloureusement. Mais voici qu'une lumière d'en haut vient l'éclairer. Cet enfant est conçu de l'Esprit Saint, mais il a besoin d'un statut social, d'un père humain qui assure son éducation. Bien plus, il doit être le Messie, annoncé par les prophètes comme fils de David. Et Joseph en l'adoptant lui conférera cette légitimité davidique.

Répons:

Jésus, devenu fils de David par l'adoption de Joseph

Oraison :

Dieu, tu as voulu que ton Fils soit fils de David par l'obéissance de Joseph. Donne-nous cette obéissance parfaite qui nous fait entrer dans ton plan de salut. Nous te le demandons par l'intercession de l'épouse de Joseph, Marie très sainte. **Sainte Marie...**

3. Les mages venus d'Orient

Texte: Mt 2, 1-12 *(lecture abrégée)*

Voici : des mages d'Orient arrivent à Jérusalem.
Ils disent :
« Où est le nouveau-né, roi des Juifs ?
Car nous avons vu son étoile à l'Orient.
Et nous venons nous prosterner devant lui. »
(...)
Ils viennent dans la maison
et voient le petit enfant avec Marie, sa Mère.
Ils tombent et se prosternent devant lui.
Ils ouvrent leurs trésors,
et lui offrent des présents :
or, encens et myrrhe.

Commentaire :

Les bergers étaient venus d'abord, des « pauvres du Seigneur ».
Voici maintenant ces mages venus d'Orient qui accomplissent les oracles les plus universalistes des prophètes et qui préfigurent l'immense afflux des païens et des étrangers qui constitueront l'Église du Christ.

Répons :

Jésus, que les mages d'Orient sont venus adorer

Oraison :

Jésus, toi qui as voulu que l'universalité de ton Église, annoncée par les prophètes, soit préfigurée dès ton berceau par l'arrivée des mages venus de loin, insuffle à ton Église le zèle missionnaire et apprends-nous à accueillir tous ceux qui viennent de loin. Que Marie nous y aide, elle qui les a reçus dans sa maison.
Sainte Marie…

4. La fuite en Égypte

Texte : Mt 2, 13-18 *(lecture abrégée)*

Un ange du Seigneur
paraît en rêve à Joseph.
Il dit :
« Réveille-toi.
Prends avec toi l'enfant et sa mère.
Fuis en Égypte.
Reste là jusqu'à ce que je te le dise :
car Hérode va chercher l'enfant
pour le perdre. »
Il se réveille,
prend avec lui l'enfant et sa mère, de nuit,
et se retire en Égypte.
Il reste là jusqu'à la fin d'Hérode,
pour que soit accompli
le mot dit de la part du Seigneur
par le prophète : D'Égypte j'ai appelé mon fils.

Commentaire :

Joseph obéit avec ponctualité aux ordres venus d'en haut. Il assume pleinement sa responsabilité à l'égard de la famille dont il a la charge. Et ainsi le Christ récapitule dans sa vie l'histoire du peuple, l'exil en Égypte, et c'est lui « mon fils ». Grâce à l'obéissance de Joseph, Jésus échappera au massacre.

Répons :

Jésus, qui a été enfant d'émigré en terre étrangère

Oraison :

Jésus, lors de la fuite en Égypte, tes parents t'ont emmené en terre d'exil. Rappelle-nous que « ce que nous aurons fait au plus petit, c'est à toi que nous l'aurons fait ». Que Marie et Joseph nous en fassent souvenir.
Sainte Marie...

5. Nazareth

Texte : Mt 2, 19-23 *(lecture abrégée)*

Hérode périt.
Voici : un ange du Seigneur
paraît en rêve à Joseph en Égypte.
Il dit :
« Réveille-toi.
Prends avec toi l'enfant et sa mère.
Va en terre d'Israël :
car ils sont morts,
ceux qui cherchaient la vie de l'enfant. »
Il se réveille,
prend avec lui l'enfant et sa mère,
et vient en terre d'Israël.
Averti en rêve,
il se retire du côté de la Galilée.
Il vient habiter dans une ville appelée Nazareth,
pour accomplir le mot dit par les prophètes :
qu'il « sera appelé Nazoréen ».

Commentaire :

Joseph, toujours, obéit. Et c'est ainsi qu'il choisit cette ville de Nazareth qui donnera son nom à Jésus pour jusqu'à la fin des temps. Les péripéties de l'enfance sont terminées. Va commencer le long temps de la croissance, de l'apprentissage, de la vie laborieuse et cachée.

Répons :

Jésus qui a vécu à Nazareth de Galilée la dure vie des travailleurs manuels

Oraison :

Jésus, tu as vécu presque toute ta vie terrestre dans une ville méprisée, faisant un travail obscur, au sein d'une famille d'humble condition.
Que ta grâce pénètre toutes nos relations sociales, familiales et de travail. Nous te le demandons par l'intercession de Joseph et de Marie.
Sainte Marie...

2

Les mages

Quelle qu'en soit la base historique, le récit de l'épisode des mages (Mt 2, 1-12) est chargé de symboles et d'enseignement théologique.
Il est si riche que nous pouvons lui consacrer cinq dizaines.

1. L'étoile
2. Bethléem
3. Le petit enfant
4. Les présents
5. « Vers leur pays »

1. L'étoile

Texte: Mt 2, 1-2

Jésus né à Bethléem de Judée,
aux jours d'Hérode le roi,
voici : des mages d'Orient arrivent à Jérusalem.
Ils disent :
« Où est le nouveau-né, roi des Juifs ?
Car nous avons vu son étoile à l'Orient.
Et nous venons nous prosterner devant lui. »

Commentaire :

Les mages sont des modèles de chercheurs de Dieu. Ils viennent de loin et ils ont su deviner, discerner, reconnaître ce signe que leur faisait le Dieu unique. Las de leurs dieux, ils ont hâte de se prosterner devant lui.

Répons :

Jésus qui par l'étoile a donné un signe aux mages

Oraison :

Nous te prions, Seigneur, d'envoyer un signe à tous ceux qui te cherchent dans l'obscurité. Donne-leur d'être attentifs et de se mettre en route, avec l'aide de ta Mère très sainte.
Sainte Marie...

2. Bethléem

Texte : Mt 2, 3-9 *(lecture abrégée)*

Quand il entend, le roi Hérode est troublé,
et tout Jérusalem avec lui.
Il rassemble tous les grands prêtres
et scribes du peuple.
Il s'enquiert auprès d'eux :
« Où doit naître le Messie ? »
Ils lui disent :
« A Bethléem de Judée,
ainsi qu'il est écrit par le prophète :
Bethléem, c'est de toi que sortira un chef
qui sera le berger de mon peuple Israël. »
Alors Hérode à la dérobée appelle les mages.
Il leur donne mission pour Bethléem.
Il dit :
« Allez, informez-vous avec précision
sur le petit enfant.
Et quand vous aurez trouvé, annoncez-le moi,
pour que moi aussi je vienne me prosterner
devant lui. »
Ils entendent le roi, et vont.

Commentaire :

Avec quel soin, les scribes ont scruté l'Écriture ! Ils y repèrent sans hésitation ce petit oracle de Michée qui désigne Bethléem. Mais quand on leur annonce que l'événement est en train de se produire, au lieu d'y courir pour se prosterner eux aussi, ils sont simplement « troublés », comme Jérusalem, comme le tyran païen : avec toute leur science ils ont renseigné les mages mais n'ont pas perçu le signe...

Répons :

Jésus né à Bethléem de Juda comme l'avaient annoncé les prophètes

Oraison :

Jésus, toute l'Écriture témoigne de toi, et des signes manifestent ta présence. Mais seuls les vrais chercheurs de Dieu les perçoivent. Donne-nous d'être attentifs aux signes sous la lumière de l'Écriture Sainte. Nous te le demandons par l'intercession de ta Mère.
Sainte Marie...

3. Le petit enfant

Texte: Mt 2, 9-11

L'étoile qu'ils avaient vue à l'orient les précédait
jusqu'à ce qu'elle vienne se tenir au-dessus:
où est le petit enfant!
En voyant l'étoile,
ils se réjouissent d'une fort grande joie.
Ils viennent dans la maison
et voient le petit enfant avec Marie sa mère.
Ils tombent et se prosternent devant lui.

Commentaire:

Joie de l'étoile qui leur confirme qu'ils sont sur le bon chemin. Joie d'être au terme après cette longue quête. Joie de voir le petit enfant avec sa mère. Joie d'avoir trouvé enfin Celui devant qui on peut se prosterner.

Répons:

Jésus qui fut petit enfant dans les bras de sa mère

Oraison:

Envoie, Seigneur, un signe aux hommes de bonne volonté pour les guider vers toi: qu'ils te trouvent où tu les attends avec Marie ta Mère.
Sainte Marie...

4. Les présents

Texte: Mt 2, 11

Ils ouvrent leurs trésors,
et lui offrent des présents :
or, encens et myrrhe.

Commentaire :

Ces présents sont conformes aux annonces des prophètes et des psalmistes. L'or est un hommage au roi, « le roi des Juifs qui vient de naître » et roi du ciel ; l'encens est offert au fils de Dieu ; et la myrrhe signifie que cet enfant est pleinement homme avec un corps destiné à la mort — et promis à la résurrection.

Répons :

Jésus à qui les mages ont offert l'or, l'encens et la myrrhe

Oraison :

Jésus, Ô Christ Roi, nous t'offrons l'or de notre dévotion. Seigneur Dieu, voici l'encens de notre adoration. Ô Messie crucifié, reçois la myrrhe de notre compassion. Et rappelle-nous d'ouvrir nos trésors pour ceux qui te ressemblent : les plus petits d'entre les tiens.
Sainte Marie...

5. « Vers leur pays »

Texte: Mt 2, 12

Avertis en rêve,
de ne pas repasser chez Hérode,
par un autre chemin,
ils se retirent vers leur pays.

Commentaire:

Dociles à l'avertissement, comme ils avaient été attentifs au signe de l'étoile, les mages évitent de servir d'indicateurs auprès du tyran cruel.
Après avoir touché le but, ils repartent vers leur pays, prémices de ceux qui, tout au long des âges, diffuseront des germes d'Évangile à travers le monde.

Répons:

Jésus lumière pour l'illumination des peuples

Oraison:

Seigneur Jésus, lumière pour toutes les nations, nous te prions pour l'extension de ton Église parmi tous les peuples, pour la diffusion de ton Évangile à travers le monde. Envoie des messagers, nous t'en supplions par l'intercession de ta Mère.
Sainte Marie...

3

Les manifestations de Jésus

A plusieurs reprises Jésus a « manifesté sa gloire », provoquant ses auditeurs à se poser la question : Qui est-il celui-là ? A notre tour contemplons et écoutons Jésus, fils bien-aimé du Père.

1. Le baptême de Jésus
2. La tentation
3. Les noces de Cana
4. La tempête apaisée
5. La transfiguration

1. Le baptême de Jésus

Texte: Mc 1, 9-11

Or en ces jours-là,
Jésus vient de Nazareth de Galilée.
Il est baptisé dans le Jourdain par Jean.
Aussitôt, en remontant hors de l'eau,
il voit se fendre les cieux,
l'Esprit, comme une colombe,
descendre sur lui.
Et une voix, des cieux :
« Tu es mon fils,
l'Aimé, en toi je me plais. »

Commentaire :

Pour ressusciter avec le Christ, il faut passer par la passion et la croix. Le Christ nous a donné le modèle de l'acte à la fois symbolique et efficace qui nous permet de le suivre dans sa vie nouvelle : on est plongé dans l'eau, qui comme l'eau du Déluge ou de l'Exode, est une eau qui donne la mort, et on en remonte vivant et devenu fils de Dieu.

Répons :

Jésus qui a voulu être baptisé par Jean

Oraison :

Seigneur Jésus, tu as voulu être baptisé par Jean au moment de commencer ta mission. L'Esprit Saint a reposé sur toi et le Père t'a appelé son « fils bien-aimé ». Accorde à tous les baptisés de se comporter en fils mus par l'Esprit d'amour. Nous te le demandons par Marie, ta Mère.
Sainte Marie...

2. La tentation

Texte: Mt 4, 3-11

L'éprouveur s'approche et lui dit :
« Si tu es fils de Dieu,
dis que ces pierres deviennent pains. »
Jésus répond et dit :
« Il est écrit :
Ce n'est pas de pain seul que vivra l'homme,
mais de tout mot sortant de la bouche
de Dieu. »
Alors le diable le prend avec lui
dans la ville sainte.
Il le met sur le faîte du temple, et lui dit :
« Si tu es fils de Dieu,
jette-toi en bas.
Car il est écrit :
A ses anges, il commandera pour toi,
et sur les mains, ils t'enlèveront,
que tu ne heurtes contre une pierre ton pied. »
Jésus lui dit :
« Il est encore écrit :
Tu n'éprouveras pas le Seigneur ton Dieu. »
Encore, le diable le prend avec lui
sur une montagne, extrêmement haute.
Il lui montre tous les royaumes du monde
et leur gloire.
Il lui dit :
« Tout cela, à toi je le donnerai
si tu tombes et te prosternes devant moi. »

Alors Jésus lui dit :
« Va-t'en Satan ! Car il est écrit :
Devant le Seigneur ton Dieu tu te prosterneras
et Lui seul tu adoreras. »

Commentaire :

La scène, en évoquant les infidélités de l'Exode, présente un raccourci théologique des épreuves que le Christ devra affronter pour réaliser sa mission, et des tentations que connaîtra l'Église au long des siècles.

Répons :

Jésus qui nous enseigne à résister aux tentations

Oraison :

Jésus, tu as voulu nous montrer à quelles épreuves et tentations seront exposés tes disciples et ton Église durant toute son histoire. Mets en nous la Parole qui nous permettra de résister. Nous te le demandons par Marie, ta Mère secourable.
Sainte Marie...

3. Les noces de Cana

Texte: Jn 2, 1-11

Le troisième jour,
il y a une noce à Cana en Galilée
et la mère de Jésus est là.
Jésus aussi est invité, et ses disciples, à la noce.
Comme le vin manque,
la mère de Jésus lui dit :
« Ils n'ont plus de vin. »
Jésus lui dit :
« Qu'est-ce de moi à toi, femme ?
Mon heure n'est pas encore venue. »
Sa mère dit aux serviteurs :
« Quoi qu'il vous dise, faites ! »
Il y avait là des jarres de pierre, six,
posées pour la purification des Juifs,
contenant chacune deux ou trois mesures.
Jésus leur dit :
« Remplissez les jarres d'eau. »
Ils les remplissent jusqu'en haut.
Il leur dit :
« Puisez maintenant
et portez au maître du festin ! »
Ils portent.
Le maître du festin goûte l'eau devenue vin ;
il ne sait d'où cela vient,
mais les serviteurs le savent,
eux qui ont puisé l'eau.
Le maître du festin appelle l'époux et lui dit :

« Tout homme d'abord sert le bon vin
et, quand ils sont ivres, le moins bon.
Toi tu as gardé le bon vin jusqu'à présent ! »
Tel est le commencement des signes que fait Jésus
à Cana en Galilée,
et il manifeste sa gloire,
et ses disciples croient en lui.

Commentaire :

La première Alliance avait déjà commencé à réaliser les noces de Dieu avec son peuple. Mais c'est avec Jésus dans le mystère de l'incarnation que se réalisent pleinement les épousailles de Dieu avec l'homme. Et le Christ apporte le vin le meilleur pour la fête messianique définitive.

Répons :

Jésus qui nous a donné le vin de l'Alliance nouvelle

Oraison :

Seigneur, tu as scellé une Alliance avec ton peuple. Par le signe de l'eau changé en vin tu annonces le passage de la loi ancienne à l'alliance définitive en ton sang. Accorde-nous, par l'intercession de ta Mère présente à Cana, la confiance et la foi pour aller de l'avant vers ton Royaume. **Sainte Marie...**

4. La tempête apaisée

Texte: Mt 8, 23-27

Il monte dans la barque:
ses disciples le suivent.
Et voici, un grand séisme survient dans la mer,
au point que la barque est couverte
par les vagues.
Mais lui dormait.
Ils s'approchent, le réveillent en disant:
« Seigneur ! Sauve ! nous sommes perdus ! »
Il leur dit:
« Pourquoi êtes-vous terrifiés ?
Minicroyants ! »
Alors, une fois réveillé,
il rabroue les vents et la mer,
et survient un grand calme.
Les hommes s'étonnent et disent:
« De quelle espèce est-il, celui-là ?
que même les vents et la mer
lui obéissent ! »

Commentaire:

Le Seigneur nous a avertis: si nous voulons être disciples il nous faut passer par la tempête. Mais il nous rassure aussi : même s'il semble absent, il est bien là, maître des éléments et des événements. Ayons seulement foi !

Répons :

Jésus qui seul peut établir le calme et la paix

Oraison :

Seigneur, maître du monde, accorde-nous de croire en toi, même lorsque tu parais dormir, et de demeurer dans la confiance et la paix à travers toutes les tempêtes. Nous te le demandons par l'intercession de Celle qui a cru.
Sainte Marie...

5. La transfiguration

Texte: Lc 9, 28-36

Jésus prend avec lui Pierre, Jean et Jacques
et monte sur la montagne
pour prier.
Or, pendant qu'il prie,
l'aspect de sa face devient autre,
et son vêtement, d'un blanc d'éclair.
Et voici, deux hommes parlaient avec lui,
c'étaient Moïse et Élie,
apparaissant en gloire:
ils parlaient de son exode
qu'il devait accomplir à Iérousalem.
Pierre et ceux d'avec lui
étaient alourdis de sommeil.
Ils restent à veiller et voient sa gloire,
et les deux hommes se tenant avec lui.
Or, quand ils se séparent de lui,
Pierre dit à Jésus:
« Maître, il est bon que nous soyons ici.
Faisons donc trois tentes:
une pour toi,
une pour Moïse,
une pour Élie... »
— sans savoir ce qu'il disait.
Pendant qu'il dit cela,
survient une nuée qui les obombre.
Ils craignent en entrant dans la nuée.
Une voix survient de la nuée, elle dit:

« Celui-ci est mon fils, l'Élu,
entendez-le. »
Quand la voix a cessé, Jésus se trouve seul.
Eux gardent le silence :
à personne ils n'annoncent, en ces jours-là,
rien de ce qu'ils ont vu.

Commentaire :

La transfiguration, manifestation théophanique comme le baptême, est un moment capital de la révélation de Jésus, fils de Dieu.

Répons :

Jésus qui a montré ta gloire à tes disciples

Oraison :

Seigneur, tu as manifesté ta gloire à tes disciples et ils ont entendu la voix du Père. Donne-nous, à leur exemple, et à celui de Marie, d'être attentifs à ta parole et de t'adorer en esprit et en vérité. **Sainte Marie...**

4

La vie quotidienne de Jésus

Dieu s'est fait homme et a assumé pleinement la réalité d'une vie humaine. Après nous être arrêtés sur les épisodes marquants ou miraculeux nous voulons méditer aujourd'hui la vie quotidienne de Jésus.

1. Jésus travaille
2. Jésus prie
3. Jésus voyage
4. Jésus enseigne
5. Jésus guérit

1. Jésus travaille

Texte : Mc 6, 3

« Celui-là, n'est-ce pas l'artisan,
le fils de Marie,
un frère de Jacques, Joset, Juda, Simon ? »

Commentaire :

Jésus a voulu assumer le tout de la condition humaine, gagner son pain à la sueur de son front et donner au travail une valeur rédemptrice.

Répons :

Jésus qui a voulu travailler de ses mains

Oraison :

Jésus, qui as travaillé pour gagner ta vie, qui as pris part aux tâches de chaque jour, qui as allumé le feu et cuit le poisson, donne-nous d'accomplir nos tâches quotidiennes au service de nos familles et de ceux qui ont besoin de nous, à ton exemple, avec soin, dévouement, amour. Par l'intercession de ta Mère.
Sainte Marie...

2. Jésus prie

Texte: Lc 11, 1

Or, comme il se trouvait dans un certain lieu, il était à prier.
Quand il a cessé, un de ses disciples lui dit:
« Seigneur, enseigne-nous à prier... »

Commentaire:

Nous voyons constamment Jésus prier dans l'Évangile: pendant de longues nuits solitaires au désert, au baptême, avant d'appeler ses apôtres, avant la transfiguration, au jardin des Oliviers. Et il priait de telle sorte qu'il donnait à ses disciples envie de prier comme lui.

Répons:

Jésus qui a prié et nous a enseigné à prier

Oraison:

Jésus, toi qui as tant prié lors de ta vie terrestre, donne-nous d'approcher le mystère de ta prière et de ton intimité avec le Père. Apprends-nous à prier ! Par l'intercession de ta Mère.
Sainte Marie...

3. Jésus voyage

Texte : Mc 1, 38-39

Il leur dit :
« Allons ailleurs, dans les bourgs suivants,
pour que, là aussi, je clame.
Car c'est pour cela que je suis sorti. »
Il vient et clame dans les synagogues,
dans la Galilée tout entière.

Commentaire :

Jésus est rempli de zèle pour accomplir sa mission : il est sorti du Père pour apporter le salut à toute la terre et il sort de sa ville pour annoncer partout la Bonne Nouvelle.

Répons :

Jésus qui a parcouru à pied tant de chemins

Oraison :

Jésus, tu as sillonné toute la Palestine pour apporter la Bonne Nouvelle et tu en as largement débordé les frontières pour annoncer de ville en ville la Parole de Dieu. Donne-nous le même zèle au service de l'Évangile : que nous ayons le courage de sortir pour rencontrer nos frères. Nous te le demandons par l'intercession de Marie.
Sainte Marie...

4. Jésus enseigne

Texte: Mc 1, 21-22

Ils pénètrent à Capharnaüm.
Aussitôt, le sabbat,
il entre dans la synagogue, il enseigne.
Ils étaient frappés par son enseignement,
car il les enseignait comme ayant autorité
et non comme les scribes.

Commentaire:

Jésus enseigne avec autorité: il veut nous inculquer la vérité divine, la révélation à laquelle adhère notre foi et que nous avons charge de transmettre de génération en génération.

Répons:

Jésus qui est venu révéler le mystère de Dieu

Oraison:

Jésus, toi qui nous as révélé les mystères de Dieu, donne-nous de les pénétrer de mieux en mieux pour les livrer aux autres. Par l'intercession de ta Mère, qui gardait toutes choses en son cœur. **Sainte Marie...**

5. Jésus guérit

Texte: Mt 15, 29-31

S'éloignant de là,
Jésus vient au bord de la mer de Galilée.
Il monte sur la montagne.
Il s'assoit, là.
Des foules nombreuses s'approchent de lui,
ayant avec elles:
boiteux, aveugles, estropiés, muets,
et beaucoup d'autres.
Ils les flanquent à ses pieds.
Jésus les guérit,
si bien que les foules s'étonnent en regardant
des muets qui parlent,
des estropiés rétablis,
des boiteux qui marchent,
des aveugles qui regardent.

Commentaire:

Les guérisons sont le signe de la bonté de Jésus et de sa compassion infinie. Mais elles sont beaucoup plus encore le signe de l'œuvre de salut qu'il est venu opérer dans l'humanité blessée par le péché et par le mal.

Répons:

Jésus qui est passé en faisant le bien

Oraison :

Jésus, tu as guéri les sourds et les aveugles, les lépreux et les infirmes, les malades et les paralytiques, guéris-nous, nous t'en supplions, de toutes les maladies de l'âme et du corps. Garde-nous de toute influence mauvaise et délivre-nous du mal. Par l'intercession de Celle qui a été préservée de tout mal.
Sainte Marie...

5

Des guérisons

Jésus est passé en faisant le bien. Les guérisons sont d'abord la preuve de sa bonté, de sa tendresse : il est profondément ému par la souffrance. Mais elles sont en même temps le signe même du salut qu'il est venu opérer pour délivrer les hommes du mal, de tous les maux.

1. Le lépreux purifié
2. La femme redressée
3. Le sourd entend
4. Le muet parle
5. L'aveugle voit

1. Le lépreux purifié

Texte: Mc 1, 40-42

Vient vers lui un lépreux.
Il le supplie, tombe à genoux en lui disant :
« Si tu veux, tu peux me purifier. »
Remué jusqu'aux entrailles,
  il tend la main, le touche et lui dit :
« Je veux : sois purifié ! »
Aussitôt, s'en va de lui la lèpre :
  il est purifié !

Commentaire :

La lèpre qui ronge tout le corps et qui rend impur est aussi le symbole du péché qui ravage l'humanité. Jésus est remué jusqu'aux entrailles par la supplication de cet homme et il le guérit.

Répons :

Jésus qui a purifié le lépreux

Oraison :

Seigneur Jésus, toi qui as purifié le lépreux, nous te supplions de nous guérir de toutes les lèpres de l'âme et du corps, de ce qui nous ronge et nous rend impurs. Nous te le demandons par l'intercession de Celle qui est la toute pure, Marie, ta Mère.
Sainte Marie...

2. La femme redressée

Texte: Lc 13, 11-13

Et voici une femme
ayant un esprit d'infirmité depuis dix-huit ans:
elle était toute courbée
et ne pouvait pas se redresser, pas du tout.
Jésus la voit, l'interpelle et lui dit:
« Femme, tu es déliée de ton infirmité! »
Il lui impose les mains.
Soudain elle est remise droite et glorifie Dieu.

Commentaire:

Cette femme courbée sous son infirmité est l'image de ce que nous sommes, courbés sous le poids de nos péchés et de toutes nos pesanteurs physiques et morales. Jésus vient en Sauveur: d'un seul mot il la redresse.

Répons:

Jésus qui est venu mettre l'humanité debout

Oraison:

Jésus, tu es venu délier l'humanité de tout ce qui la courbe et l'entrave. Délivre-nous de tous les liens de l'âme et du corps pour que nous vivions debout, avec Marie, glorifiant Dieu.
Sainte Marie...

3. Le sourd entend

Texte: Mc 7, 32-35.37

Ils lui amènent un sourd, et malparlant.
Ils le supplient : qu'il impose sur lui la main !
Il le prend hors de la foule, à part :
il met ses doigts sur les oreilles,
il crache et touche sa langue.
Il lève le regard au ciel, gémit et lui dit :
« Ephphata ! » c'est-à-dire : « Ouvre-toi grand ! »
Aussitôt son ouïe s'ouvre,
et se délie le lien de sa langue
et il parle correctement.
Ils disent : « Bellement, il a fait toutes choses !
Les sourds, il fait entendre,
et les non-parlants, parler ! »

Commentaire :

Cette guérison se passe chez des païens : ils deviennent capables d'entendre la parole. C'est le signe que le salut est offert à tous les hommes.

Répons :

Jésus qui a ouvert les oreilles d'un sourd

Oraison :

Jésus, quand nous sommes sourds à ta parole et muets devant les appels de nos frères, ouvre nos oreilles et aussi notre cœur.
Sainte Marie...

4. Le muet parle

Texte: Mt 9, 32-33

Ils présentent à Jésus un homme, muet,
démoniaque.
Le démon jeté dehors,
le muet parle.
Les foules s'étonnent et disent :
« Jamais il n'a paru rien de tel en Israël ! »

Commentaire :

Jésus est venu guérir tout l'homme, ses sens, son esprit, entravés par les forces de mort.

Répons :

Jésus, qui a délié la langue d'un muet

Oraison :

Seigneur Jésus-Christ, tu es la parole vivante du Père et tu as envoyé l'Esprit qui a rendu les apôtres capables de proclamer les merveilles de Dieu. Nous sommes si souvent muets par indifférence, par lâcheté, par aveuglement. Ouvre nos lèvres pour que nous sachions dire les paroles dont nos frères ont besoin et annoncer ainsi l'Évangile. Nous te le demandons par l'intercession de la Vierge du Magnificat.
Sainte Marie...

5. L'aveugle voit

Texte: Mc 10, 46-52 *(lecture abrégée)*

Bartimée, aveugle, mendiant,
était assis au bord du chemin.
Il entend que c'est Jésus, le Nazarène !
Il commence à crier et à dire :
« Fils de David, Jésus, aie pitié de moi ! »
Jésus s'arrête et dit :
« Pour toi, que veux-tu que je fasse ? »
L'aveugle lui dit :
« Rabbouni ! Que je re-voie ! »
Jésus lui dit : « Va ! Ta foi t'a sauvé ! »
Aussitôt il re-voit.
Et il le suit sur le chemin.

Commentaire :

Cet aveugle est un modèle : dès le premier instant, il a foi en Jésus et le prie instamment. Il ne sera pas déçu : il est sauvé, il voit et suit Jésus.

Répons :

Jésus qui a fait voir un aveugle

Oraison :

Seigneur Jésus, ouvre nos yeux si souvent aveugles pour que nous puissions apercevoir en vérité nos frères et te suivre sur le chemin.
Sainte Marie...

6

Les apôtres de Jésus

Les apôtres jouent un rôle essentiel dans l'Évangile aux côtés de Jésus, et ensuite dans la transmission de la foi et de la vie chrétienne. En méditant sur leur appel et leur mission, nous voudrions approfondir notre sens de l'Église.

1. Les premiers disciples
2. Pêcheurs d'hommes
3. Matthieu
4. Envoi en mission
5. Tu es Pierre

1. Les premiers disciples

Texte: Jn 1, 35-51 *(lecture abrégée)*

Jean se tient avec deux de ses disciples.
Il dit : « Voici l'Agneau de Dieu. »
Les deux disciples l'entendent et suivent Jésus.
Ils demeurent près de lui ce jour-là.
André était un des deux.
Il trouve d'abord son propre frère Simon.
Il l'amène à Jésus.
Le lendemain Jésus trouve Philippe.
Il lui dit : « Suis-moi. »
Philippe trouve Nathanaël. Il lui dit :
« Celui dont a écrit Moïse dans la loi,
et aussi les prophètes,
nous l'avons trouvé :
Jésus, fils de Joseph, de Nazareth ! »

Commentaire :

Jean le baptiseur, achevant la maturation de l'Ancien Testament, a préparé des disciples à Jésus. Ceux-là, les témoins présents dès le commencement, seront les colonnes de l'Église.

Répons :

Jésus, pour qui Jean-Baptiste a préparé des disciples

Oraison :

Seigneur, dès qu'un homme est devenu ton disciple, il ne désire qu'attirer à toi ceux qui l'approchent. Pour nous, qui avons eu la grâce d'être touchés par toi, donne-nous assez de désir et de zèle pour amener vers toi de nouveaux disciples. Nous te le demandons par l'intercession de Marie, Reine des apôtres.
Sainte Marie...

2. Pêcheurs d'hommes

Texte: Mt 4, 18-22

Marchant au bord de la mer de Galilée,
Jésus voit deux frères,
Simon, dit Pierre, et André, son frère:
ils jettent un épervier dans la mer,
car ce sont des pêcheurs.
Il leur dit: « Venez derrière moi!
Je vous ferai pêcheurs d'hommes. »
Eux aussitôt laissent les filets, ils le suivent.
De là, il avance:
il voit deux autres frères,
Jacques, celui de Zébédée, et Jean son frère,
dans la barque avec Zébédée son père.
Ils réparent leurs filets.
Il les appelle.
Eux aussitôt laissent la barque et leur père,
ils le suivent.

Commentaire:

Le métier de pêcheur consiste à tirer les poissons de la mer. En ce tout début Jésus choisit des pêcheurs pour qu'inlassablement ils tirent les hommes de la mer de ce monde pour les amener à la lumière et à la vérité.

Répons:

Jésus qui a voulu faire de ses disciples des pêcheurs d'hommes

Oraison :

Jésus, toi qui as choisi des pêcheurs pour commencer à rassembler ton Église, donne à tes disciples le désir continuel d'être des pêcheurs d'hommes. Nous te le demandons par l'intercession de Marie, Reine des apôtres.
Sainte Marie...

3. Matthieu

Texte: Mt 9, 9

Jésus voit un homme assis à la taxation,
appelé Matthieu.
Il lui dit : « Suis-moi ! »
Il se lève et le suit.

Commentaire:

Le métier d'un taxateur qui collaborait avec l'occupant romain et fixait à son gré le montant des taxes était universellement méprisé. Jésus, en appelant Matthieu, bouleverse les idées reçues et montre comment la puissance de la grâce peut transformer des hommes injustes et pécheurs.

Répons:

Jésus qui appelle un homme pécheur pour en faire un apôtre

Oraison:

Jésus, toi qui as appelé un homme faisant un métier méprisé pour en faire un apôtre et un évangéliste, donne-nous le souci d'amener ceux qui sont loin et donne à nos communautés de savoir les accueillir dans un milieu fraternel. Nous te le demandons par l'intercession de Marie, Mère de Miséricorde.
Sainte Marie...

4. Envoi en mission

Texte: Mt 10, 1-8 *(lecture abrégée)*

Il appelle à lui ses douze disciples:
il leur donne autorité sur les esprits impurs
pour les jeter dehors
et pour guérir toute maladie et toute faiblesse.
Ces douze-là, Jésus les envoie.
Il leur enjoint et dit:
« En allant, clamez, dites:
Proche est le royaume des cieux !
Les infirmes, guérissez-les !
Les morts, réveillez-les !
Les lépreux, purifiez-les !
Les démons, jetez-les dehors !
En pur don, vous avez reçu:
en pur don, donnez ! »

Commentaire:

Jésus a été envoyé en mission par le Père pour sauver tous les hommes. A son tour il envoie en mission les apôtres pour continuer son œuvre de salut jusqu'aux extrémités de l'espace et du temps. L'Église n'existe qu'en étant missionnaire.

Répons:

Jésus qui envoie en mission ses disciples

Oraison :

Seigneur Jésus, envoyé par le Père, tu as choisi tes apôtres pour les envoyer en mission. Nous t'en prions, donne à ton Église toujours plus de zèle apostolique et d'ardeur missionnaire. Nous te le demandons par l'intercession de Marie, Mère de l'Église.

Sainte Marie...

5. Tu es Pierre

Texte: Mt 16, 13.15-18

Jésus questionnait ses disciples en disant :
« Et vous, qui dites-vous que je suis ? »
Simon-Pierre répond et dit :
« Tu es le Messie, le fils du Dieu vivant. »
Jésus répond et lui dit :
« Heureux es-tu, Simon, fils de Jona,
parce que chair ni sang ne te l'ont révélé,
mais mon père qui est dans les cieux.
Et moi je te dis :
Tu es Pierre
et sur cette pierre
je bâtirai mon Église,
et portes d'enfer
ne seront pas plus fortes qu'elle ! »

Commentaire :

Pierre sous une lumière divine a reconnu en Jésus le fils de Dieu. Et Jésus fait de Pierre le fondement de son Église dans l'unité de la foi.

Répons :

Jésus qui a fait de Pierre le socle de son Église

Oraison :

Jésus, tu as voulu assurer l'unité et la stabilité de ton Église en la fondant sur Pierre, donne-lui de vivre de plus en plus dans l'unité de la foi et de l'amour. Nous te le demandons par l'intercession de Marie, Mère de l'Église.
Sainte Marie...

7

Les amis de Jésus

Jésus aime tous les hommes, qu'il est venu sauver. Mais l'Évangile souligne particulièrement l'affection qui l'unit à certains.

1. Jean le baptiseur
2. Lazare et ses sœurs
3. Jean l'apôtre
4. Pierre
5. « Mes amis »

1. Jean le baptiseur

Texte: Jn 3, 29

Jean répond et dit:
« L'ami de l'époux, qui se tient là et l'entend,
se réjouit de joie à la voix de l'époux.
Cette joie est mienne et elle est parfaite. »

Commentaire:

Jean le baptiseur a formé pour Jésus les meilleurs de ses disciples. Puis dans une humilité pleine d'amour il s'efface devant lui et trouve sa joie dans cet effacement.
Jésus aime Jean et il fera de lui le plus magnifique éloge: « Parmi les fils de la femme, nul [sauf Jésus lui-même] n'est plus grand que Jean le baptiseur. »

Répons:

Jésus dont le premier ami a été Jean le baptiseur

Oraison:

Jésus tu as aimé et admiré Jean le baptiseur, « l'ami de l'époux ». Donne-nous de t'accueillir et de t'annoncer comme lui, avec humilité et amour. Par l'intercession de la Vierge Marie.
Sainte Marie...

2. Lazare et ses sœurs

Texte: Jn 11, 3-5 *(texte abrégé)*

Les sœurs envoient dire à Jésus :
« Seigneur, celui que tu aimes est malade. »
Jésus aimait Marthe, et sa sœur, et Lazare.

Commentaire :

La maison de Lazare, avec ses sœurs Marthe et Marie, offrait à Jésus un havre d'accueil. Proche de Jérusalem — pleine de controverses et de menaces —, Jésus trouvait là un climat de paix et de chaude amitié.

Répons :

Jésus qui a aimé Lazare, et Marthe, et Marie

Oraison :

Jésus, au cours de ta vie itinérante, tu as trouvé le repos chez des amis pleins d'attention. Donne-nous d'offrir un accueil chaleureux à tous ceux qui en ont besoin. Que Marie nous y aide.
Sainte Marie...

3. Jean l'apôtre

Texte : Jn 21, 20-24 *(texte abrégé)*

Le disciple que Jésus aimait suit
(c'est lui qui au cours du repas
s'était penché sur sa poitrine...).
Ce disciple est le témoin de ces choses
et c'est lui qui les a écrites,
et nous savons que son témoignage est vrai.

Commentaire :

Toute la tradition depuis les origines reconnaît dans ce disciple que Jésus aimait l'apôtre Jean. Marqué par la grâce de cet amour unique, c'est lui qui nous révélera que Dieu est amour.

Répons :

Jésus qui a aimé spécialement le disciple chargé de révéler l'Amour

Oraison :

Jésus qui as aimé d'un amour privilégié le disciple qui devait accomplir la Révélation en proclamant que Dieu est amour, donne-nous d'entrer toujours plus, avec l'aide de Marie, dans le mystère de l'amour du Père.
Sainte Marie...

4. Pierre

Texte: Jn 21, 15-17

Jésus dit à Simon-Pierre:
« Simon, m'aimes-tu plus que ceux-ci ? »
Il lui dit:
« Oui Seigneur, tu sais mon affection pour toi. »
Il lui dit:
« Pais mes agneaux. »
Il lui dit de nouveau, une deuxième fois:
« Simon, m'aimes-tu ? »
Il lui dit:
« Oui Seigneur, tu sais mon affection pour toi ! »
Il lui dit:
« Sois le berger de mes brebis. »
Il lui dit la troisième fois:
« Simon, as-tu de l'affection pour moi ? »
Pierre est attristé qu'il lui demande
pour la troisième fois:
« As-tu de l'affection pour moi ? »
Il lui dit:
« Toi, Seigneur, tu sais tout,
tu connais mon affection pour toi ! »
Jésus lui dit:
« Pais mes brebis. »

Commentaire:

C'est l'ultime apparition au bord du lac. Jésus ressuscité veut transmettre à Pierre la houlette du

Bon Pasteur. Comme son Église doit être une communauté d'amour, il pose la question à Pierre. Rendu humble par l'expérience de son reniement, Pierre n'ose pas confirmer « je t'aime » mais se réfère à la connaissance qu'a Jésus de son affection pour lui.

Répons :

Jésus qui a voulu que son Église soit une communauté

Oraison :

Seigneur Jésus, tu as voulu que les pasteurs qui doivent mener ton troupeau t'aiment plus. Donne-leur à tous d'autant plus d'amour que leur charge est plus lourde. Et que la Vierge Marie leur vienne en aide.
Sainte Marie...

5. « Mes amis »

Texte: Jn 15, 13.15

« Personne n'a plus grand amour
que celui qui donne sa vie pour ses amis.
Vous êtes mes amis
si vous faites ce que moi je vous commande.
Je ne vous dis plus "serviteurs",
parce que le serviteur ne sait pas ce que fait son seigneur,
mais je vous dis "amis",
parce que tout ce que j'ai entendu de mon Père,
je vous l'ai fait connaître. »

Commentaire :

Jésus élargit le cercle à l'infini : nous sommes ses amis si nous nous engageons dans la voie d'amour qu'il nous a tracée. Il nous a dit tous ses secrets. Il peut tout, et il nous aime. Nous lui faisons confiance : « Je vous le dis à vous, mes amis, ne craignez pas. »

Répons :

Jésus qui a fait de nous ses amis

Oraison :

Seigneur Jésus tu as donné ta vie pour nous et tu nous appelles « amis ». Donne-nous de devenir en vérité tes amis, dans la foi et la confiance totale. Que Marie nous y aide, elle qui t'a aimé plus que personne.
Sainte Marie...

8

Jésus a dit :
« Je suis... » (1)

Dans l'Évangile, souvent Jésus dit : « Je suis », et il se compare à quelqu'un ou quelque chose qui peut nous aider à comprendre mieux sa personne ou sa mission. Nous prenons d'abord les images concrètes :

1. Je suis le bon berger
2. Je suis la porte
3. Je suis le chemin
4. Je suis la vigne
5. Je suis le pain

1. Je suis le bon berger

Texte: Jn 10, 14-16

« Je suis le bon berger:
Je connais les miens
et les miens me connaissent
comme le Père me connaît
et que je connais le Père.
Je donne ma vie pour les brebis.
J'ai d'autres brebis qui ne sont pas de cet enclos.
Celles-là aussi, je dois les amener.
Elles entendront ma voix,
et il y aura un seul troupeau, un seul berger. »

Commentaire:

Dans la tradition biblique et chez un peuple de pasteurs, le berger est une figure privilégiée. Abel, Jacob, Abraham, Moïse, David ont été des bergers et les prophètes avaient annoncé un bon berger. En se déclarant tel Jésus se situe au terme de cette lignée, mais il la dépasse: le rapport entre le berger et ses brebis est caractérisé par la connaissance mutuelle, l'intimité, le lien personnel.

Répons:

Jésus qui est le bon berger

Oraison :

Seigneur Jésus, toi qui es notre Bon Pasteur, donne-nous de te connaître plus intimement et de te suivre plus fidèlement. Nous te prions aussi de réunir en un seul bercail toutes les brebis dispersées. Par l'intercession de Marie.
Sainte Marie...

2. Je suis la porte

Texte: Jn 10, 9-10

« Je suis la porte:
Qui entre par moi sera sauvé,
il entrera et sortira, et il trouvera pâture.
Je viens pour que les brebis aient la vie
et qu'elles l'aient à profusion. »

Commentaire:

L'image de la porte insiste sur l'Église: Jésus le berger confie son troupeau pour la suite des temps à beaucoup de bergers: on reconnaît le vrai troupeau, ses vrais bergers, à ce qu'ils passent par le Christ, unique porte du salut.

Répons:

Jésus qui est pour les hommes l'unique porte du salut

Oraison:

Seigneur Jésus, tu as dit: « je suis la porte ». Il faut passer par toi pour être sauvé. Accorde à tous nos frères de trouver la porte et ils auront la vie en abondance. Nous te le demandons par l'intercession de Marie, Mère de Dieu, Mère des hommes.
Sainte Marie...

3. Je suis le chemin

Texte: Jn 14, 6-7

« Je suis le chemin, et la vérité, et la vie.
Personne ne vient au Père sinon par moi.
Si vous me connaissez,
vous connaîtrez aussi mon Père.
Dès à présent vous le connaissez
et vous l'avez vu. »

Commentaire:

Beaucoup cherchent Dieu par des chemins divers. Or Dieu est venu se révéler à l'homme : après une longue préparation il a envoyé son Fils unique, image du Dieu invisible, expression parfaite du Père, unique chemin vers la vérité, qui nous donne la vie.

Répons:

Jésus qui est le chemin

Oraison:

Seigneur Jésus, toi qui es l'unique chemin vers le Père, donne-nous d'avancer de plus en plus sur ce chemin. Et par le monde entier guide tous les chercheurs de Dieu. Nous te le demandons par l'intercession de Marie, qui montre le chemin. **Sainte Marie...**

4. Je suis la vigne

Texte: Jn 15, 5-8 *(texte abrégé)*

« Moi, je suis la vigne, vous les sarments.
Qui demeure en moi et moi en lui
porte beaucoup de fruit:
séparés de moi, vous ne pouvez rien faire.
Si vous demeurez en moi,
si mes paroles demeurent en vous,
demandez ce que vous voudrez
et cela arrivera pour vous.
En ceci mon Père est glorifié:
que vous portiez beaucoup de fruit,
et vous serez mes disciples. »

Commentaire:

Jésus n'est pas seulement le cep, mais la vigne tout entière: les sarments en font partie; ils vivent de la même vie et de la même sève, s'ils demeurent dans l'amour: image parfaite de l'unité du corps mystique.

Répons:

Jésus sans qui nous ne pouvons rien faire

Oraison:

Seigneur, sans toi, nous ne pouvons rien faire. Donne-nous de demeurer en toi pour être tes disciples et produire du fruit en abondance. Nous te le demandons par l'intercession de Celle qui, plus qu'aucune autre, est demeurée dans ton amour. **Sainte Marie...**

5. Je suis le pain

Texte : Jn 6, 35.48-58 *(texte abrégé)*

« Je suis le pain de la vie.
Qui vient à moi n'aura pas faim,
qui croit en moi n'aura pas soif, jamais !
Je suis le pain vivant descendu du ciel.
Si quelqu'un mange de ce pain,
il vivra pour l'éternité.
Qui consomme ma chair,
et boit mon sang,
a vie éternelle.
Et moi, je le ressusciterai au dernier jour. »

Commentaire :

Je suis le pain : il ne s'agit plus ici d'une figure ou d'une comparaison comme la porte, le chemin ou la vigne. Jésus révèle ici le fond de son amour : le sacrement de l'Eucharistie.

Répons :

Jésus, le pain de Dieu qui donne la vie au monde

Oraison :

Seigneur Jésus, tu donnes à ton peuple dans l'eucharistie le pain venu du ciel. Accorde-nous de communier avec foi, pour vivre de ta vie.
Sainte Marie...

9

Jésus a dit : « Je suis... » (2)

Quand il a dit : « Je suis... », Jésus a pris aussi des images qui suggèrent des réalités spirituelles.

1. Je suis la lumière
2. Je suis la vérité
3. Je suis la résurrection et la vie
4. Je suis le Premier et le Dernier
5. « Je suis »

1. Je suis la lumière

Texte: Jn 8, 12

« Je suis la lumière du monde.
Qui me suit ne marchera pas dans les ténèbres,
mais il aura la lumière de la vie. »

Commentaire:

Jésus est la vraie lumière dans ce monde d'obscurité et de péché: il nous montre Dieu, il nous montre le chemin, il nous éclaire. Alors nous, croyons « en la lumière pour devenir des fils de lumière »!

Répons:

Jésus qui est la lumière du monde

Oraison:

Seigneur, tu es la lumière. Donne-nous de croire à la lumière, même lorsque nous sommes plongés dans la nuit et l'obscurité; donne-nous de penser et d'agir conformément à la lumière que tu nous envoies; donne-nous d'être en tout des fils de lumière. Nous te le demandons par Marie qui vivait dans ta lumière.
Sainte Marie...

2. Je suis la vérité

Texte: Jn 14, 6-7

« Moi, je suis le chemin, et la vérité, et la vie.
Personne ne vient au Père sinon par moi.
Si vous me connaissez,
vous connaîtrez aussi mon Père.
Dès à présent vous le connaissez
et vous l'avez vu. »

Commentaire:

Dieu est la vérité absolue. Le Fils est venu d'auprès du Père pour nous révéler le Dieu vrai. Et il est lui-même vérité — nul jamais ne l'a convaincu de mensonge. C'est en passant par lui, par la vérité qu'il nous apporte, que nous connaîtrons le Père.

Répons:

Jésus qui est le chemin, la vérité et la vie

Oraison:

Seigneur, nous croyons que tu es la Vérité. Donne-nous de pénétrer toujours plus la vérité que tu enseignes. Donne-nous de vivre dans la vérité. Écarte de nous toute erreur, fausseté ou mensonge. Nous te le demandons par l'intercession de Marie, ta Mère.
Sainte Marie...

3. Je suis la résurrection et la vie

Texte: Jn 11, 25-26

« Je suis la résurrection et la vie:
qui croit en moi, même s'il est mort, vivra!
Et tout vivant qui croit en moi
jamais ne mourra, pour l'éternité! »

Commentaire:

La perspective de la mort pesait sur l'humanité depuis les origines — avec des espérances plus ou moins vagues pour l'au-delà. Jésus a vaincu la mort. Il nous apporte la résurrection, il est le Vivant qui nous donne la Vie à jamais.

Répons:

Jésus qui est la Résurrection et la Vie

Oraison:

Seigneur ressuscité, toi le Vivant pour les siècles des siècles, donne à tout ton peuple de croire en la résurrection et de vivre dès à présent de cette vie éternelle déjà commencée.
Que Marie, ta Mère très sainte, nous y aide.
Sainte Marie...

4. Je suis le Premier et le Dernier

Texte : Apocalypse 1, 17-18

« Ne crains rien :
Je suis le Premier et le Dernier, le Vivant ;
j'ai été mort,
et me voici vivant pour les siècles des siècles. »

Commentaire :

Jésus est le Premier, né du Père avant tous les siècles, et c'est par lui que tout a été créé. Il est le Dernier, récapitulant tout l'univers, le Vivant qui donne la vie.

Répons :

Jésus, le Premier et le Dernier, le Vivant pour les siècles des siècles

Oraison :

Seigneur Jésus, Premier-né de toute créature, en toi habite toute la plénitude et par toi tous les êtres sont réconciliés. Donne-nous de persévérer dans la foi et l'espérance afin que nous paraissions devant le Père, saints et sans reproche. Nous te le demandons par l'intercession de la Vierge Marie.
Sainte Marie...

5. « Je suis »

Texte: Jn 8, 58.24

« Amen, Amen, je vous dis:
avant qu'Abraham advienne,
Je suis. »
« Si vous ne croyez pas que moi, Je suis,
vous mourrez dans vos péchés ! »

Commentaire:

Quand Dieu s'est révélé à Moïse, au temps de l'Exode, il s'est affirmé comme l'Être, il a donné son nom, Yahvé, le nom divin que les juifs n'osaient plus prononcer. Jésus en disant « Je suis » déclare sa divinité.

Répons:

Jésus qui est, qui était et qui vient

Oraison:

Seigneur, nous croyons que tu es, que tu étais de toute éternité et que tu reviendras à la fin des siècles. Que ta Mère nous apprenne à te contempler et à croire en toi dans toute ta réalité humaine et divine.
Sainte Marie...

10

Les rencontres de la Passion
(selon Luc)

Tous les évangélistes racontent la Passion, mais chacun le fait d'un point de vue différent et insiste plus ou moins sur certains aspects.
Luc dans la scène de l'agonie est le seul à parler de l'ange et de la sueur de sang ; il montre Jésus « priant plus intensément » ; à partir de là, fortifié par la prière, il aborde différentes rencontres que Luc est le seul à signaler.

1. L'ange
2. Pierre
3. Les filles de Jérusalem
4. Les bourreaux
5. Le « bon larron »

1. L'ange

Texte: Lc 22, 43-45

Lui apparaît un ange, du ciel,
qui le réconforte.
Il entre en agonie:
plus intensément il prie.
Sa sueur devient comme des caillots de sang,
descendant sur la terre.
Il se lève de la prière.

Commentaire:

Luc insiste sur la prière de Jésus: au moment le plus dur de son agonie, Jésus « prie plus intensément ». Et un ange le réconforte. Il y a là une expérience profonde: le mystère de réconfort, de consolation que peut nous donner une présence silencieuse et aimante. Quand nous nous trouvons près d'une souffrance trop grande, quand nous accompagnons un mourant, nous ne pouvons rien faire. Mais nous pouvons être là dans l'amour et l'attention, et ce don de notre temps et de notre cœur est le plus précieux que nous puissions faire.

Répons:

Jésus qui à l'heure de l'agonie priait plus intensément

Oraison :

Jésus, toi qui as reçu réconfort au cours de ta prière, donne-nous de savoir apporter réconfort à ceux qui souffrent. Apprends-nous à prier assez intensément pour nous lever de la prière, comme toi, vainqueurs de la lutte, pacifiés, attentifs à ceux que nous rencontrons. Nous te le demandons par l'intercession de ta Mère.
Sainte Marie...

2. Pierre

Texte : Lc 22, 56-62 *(texte abrégé)*

Et soudain chante un coq.
Le Seigneur se tourne et fixe Pierre.
Et Pierre se rappelle la parole du Seigneur, comme il lui avait dit :
« Avant qu'un coq ait chanté aujourd'hui, tu m'auras renié trois fois. »
Il sort dehors et pleure amèrement.

Commentaire :

Jésus est chez le grand prêtre, c'est le moment crucial de la condamnation à mort. Il est maltraité et bafoué par toute son escorte. Et c'est l'instant où il cherche le regard de Pierre.

Répons :

Jésus qui d'un regard a touché le cœur de Pierre

Oraison :

Jésus, à l'instant où ta mort allait être décidée, alors que tu étais maltraité et moqué, tu n'as pensé qu'à Pierre. Donne-nous de te contempler dans ta Passion, et de chercher ton regard quand nous avons péché. Nous te le demandons par l'intercession de Marie, Mère de miséricorde.
Sainte Marie...

3. Les filles de Jérusalem

Texte : Lc 23, 27-28.31

Le suivait une multitude nombreuse du peuple
et de femmes qui se lamentaient
et sanglotaient sur lui.
Jésus se tourne vers elles et dit :
« Filles de Jérusalem,
ne pleurez plus sur moi.
Plutôt sur vous-mêmes, pleurez !
et sur vos enfants !
Parce que, si on fait cela au bois vert,
qu'arrivera-t-il au sec ? »

Commentaire :

Les femmes accompagnent celui qui va mourir en chantant sur lui des chants mortuaires. Jésus veut rectifier leur regard : si lui, le bois vivant, subit tant de choses, qu'en sera-t-il du bois sec, Israël ! Destruction de la ville, écrasement et dispersion du peuple... Jésus pense à son peuple et non pas à lui-même.

Répons :

Jésus qui dans sa Passion pensait à son peuple et non pas à lui-même

Oraison :

Jésus au cours de ta Passion, fortifié par la prière, tu as gardé la maîtrise de toi-même et porté attention à ceux qui t'approchaient. Donne-nous de savoir nous oublier pour regarder autour de nous. Nous te le demandons par l'intercession de la Vierge Marie.
Sainte Marie...

4. Les bourreaux

Texte : Lc 23, 33-34

Quand ils viennent au lieu appelé Crâne,
là ils le mettent en croix,
et les malfaiteurs, un à droite et un à gauche.
Jésus dit :
« Père, pardonne-leur
car ils ne savent ce qu'ils font. »

Commentaire :

La miséricorde en Dieu est la perfection de la justice : lui seul connaît assez profondément nos aveuglements et nos tares, nos ignorances et nos limites pour mesurer notre degré de responsabilité et pour que sa miséricorde descende jusqu'au fond de notre misère.

Répons :

Jésus qui a prié pour ses bourreaux

Oraison :

Jésus, cœur miséricordieux, fais-nous miséricorde et apprends-nous le bonheur d'être miséricordieux envers tous nos frères. Que Notre Dame des miséricordes nous vienne en aide.
Sainte Marie...

5. Le « bon larron »

Texte : Lc 23, 39.40.42-43

Un des malfaiteurs blasphémait contre lui.
Mais l'autre répond en le rabrouant.
Et il disait : « Jésus, souviens-toi de moi
quand tu viendras dans ton royaume ! »
Jésus lui dit : « Amen, je te dis :
aujourd'hui avec moi tu seras dans le paradis. »

Commentaire :

Après les femmes, après le disciple qui a renié, après les bourreaux, voici un véritable malfaiteur. Et celui-là atteint la perfection de la prière, de la foi et de l'espérance. Le « bon larron » devient ainsi le symbole de l'humanité sauvée invitée au paradis.

Répons :

Jésus qui a rouvert à l'homme pécheur les portes du paradis

Oraison :

Seigneur Jésus, tu disposes de tous les trésors de la miséricorde et de la grâce : exauce nos prières de pécheurs repentants. Nous te le demandons par Celle qui se tenait au pied de la Croix.
Sainte Marie...

11

Les apparitions du Christ ressuscité

La Résurrection du Christ est attestée d'abord par le tombeau vide, ensuite par des apparitions multiples. Les évangélistes nous en racontent quelques-unes. La meilleure façon de méditer le mystère de la Résurrection serait peut-être de les prendre dans le texte.

1. Aux Onze, avec des disciples et les pèlerins d'Emmaüs
2. Aux disciples, ce même jour
3. Huit jours après... Thomas
4. Au bord du lac de Tibériade
5. Sur une montagne, aux Onze

(Il serait préférable de lire les textes intégralement, pour certains cependant, on propose une lecture abrégée.)

1. Aux Onze, avec des disciples et les pèlerins d'Emmaüs

Texte : Lc 24, 36-49 *(texte légèrement abrégé)*

Lui-même se tient au milieu d'eux,
et il leur dit : « Paix à vous ! »
Ils sont épouvantés, envahis de crainte,
ils pensent voir un esprit !
Il leur dit :
« Voyez mes mains et mes pieds :
Oui, JE SUIS, moi-même.
Palpez-moi et voyez :
c'est qu'un esprit n'a pas de chair et d'os,
comme moi vous voyez que j'en ai ! »
Ils lui remettent une part de poisson grillé.
Il le prend et, en face d'eux, mange.
Il leur dit :
« Telles sont mes paroles,
celles que je vous ai dites
étant encore avec vous :
il faut que soit accompli
tout ce qui a été écrit
dans la Loi de Moïse, les Prophètes
et les Psaumes, sur moi. »
Alors il ouvre leur intelligence
pour pénétrer les Écrits.
Il leur dit :
« Ainsi il a été écrit
que le Messie devait souffrir
et se lever d'entre les morts le troisième jour.

Et que serait proclamée en son nom
la conversion pour la rémission des péchés
à toutes les nations,
en commençant par Jérusalem.
Vous en êtes témoins.
Et voici que moi,
j'envoie la promesse de mon Père sur vous.
Vous, restez assis dans la ville
jusqu'à ce que vous soyez vêtus
de puissance d'en-haut. »

Commentaire :

Dans cette page est concentré un enseignement d'une extrême richesse : la réalité du corps ressuscité ; l'incrédulité des apôtres ; le don de l'intelligence de l'Écriture ; le résumé de l'annonce à proclamer ; la promesse du Saint-Esprit ; et les disciples constitués témoins.

Répons :

Jésus qui est apparu le jour même de la Résurrection pour conforter notre foi

Oraison :

Seigneur Jésus ressuscité, les dons que tu as faits à tes premiers disciples, tu nous les fais à nous aussi. Donne-nous de toujours croire à ta résurrection, ouvre-nous à l'intelligence de l'Écriture,

fais de nous des témoins et envoie-nous ton Esprit. Nous te le demandons par l'intercession de ta Mère bénie et glorieuse.
Sainte Marie...

2. Aux disciples, ce même jour

Texte : Jn 20, 19-23

Le soir venu, ce jour-là, le premier de la semaine,
les portes fermées où étaient les disciples,
par crainte des Juifs,
Jésus vient, se tient au milieu et leur dit :
« Paix à vous ! »
Cela dit, il leur montre ses mains et son côté.
Les disciples donc se réjouissent
de voir le Seigneur.
Il leur dit donc de nouveau :
« Paix à vous !
Comme le Père m'a envoyé,
moi aussi je vous donne mission. »
Et cela dit, il souffle et leur dit :
« Recevez l'Esprit saint. »

Commentaire :

Les disciples ont peur et ont verrouillé les portes. Mais soudain Jésus se trouve au milieu d'eux et leur apporte paix et joie. Aussitôt il les envoie en mission et leur donne l'Esprit Saint.

Répons :

Jésus ressuscité qui nous a d'abord apporté la paix

Oraison :

Jésus nous sommes dans la joie parce que tu es ressuscité. Apprends-nous à n'avoir plus peur, à ne pas verrouiller nos portes. Donne-nous le salut et la paix, donne-nous de les apporter au monde, avec l'aide de Marie, Reine de la paix.
Sainte Marie...

3. Huit jours après Thomas

Texte : Jn 20, 24-29

Or Thomas, un des douze, dit « Jumeau »,
n'était pas avec eux quand est venu Jésus.
Les autres disciples lui disent donc :
« Nous avons vu le Seigneur ! »
Il leur dit :
« Si je ne vois dans ses mains la trace des clous,
si je n'entre ma main dans son côté,
non, je ne croirai pas ! »
Huit jours après,
les disciples sont de nouveau à l'intérieur,
et Thomas avec eux.
Jésus vient, les portes fermées.
Il se tient au milieu et dit :
« Paix à vous ! »
Il dit ensuite à Thomas :
« Porte ton doigt ici et vois mes mains,
porte ta main et entre dans mon côté,
ne sois pas non-croyant, mais croyant ! »
Thomas répond et lui dit :
« Mon Seigneur et mon Dieu ! »
Jésus lui dit :
« Parce que tu m'as vu, tu as cru.
Heureux ceux qui n'ont pas vu et qui ont cru. »

Commentaire :

Le refus de Thomas est au service de la foi des croyants de tous les temps : car Jésus lui offre sa présence palpable. Et du coup la foi de Thomas va plus loin, puisqu'il proclame : « Mon Seigneur et mon Dieu ! » La conclusion est que Jésus béatifie ceux qui croient sans avoir vu : nous tous !

Répons :

Jésus, notre Seigneur et notre Dieu

Oraison :

Seigneur Jésus, sans te voir, nous croyons. Donne à ton peuple de croire toujours en ta divinité et en ta Résurrection, par l'intercession de Celle qui a cru.
Sainte Marie...

4. Au bord du lac de Tibériade

Texte: Jn 21, 4-14 *(abrégé)*

Le matin déjà venu,
Jésus se tient sur le rivage.
Cependant les disciples ne savent pas
que c'est Jésus.
Quand donc ils débarquent à terre,
ils regardent : un feu de braises posé là
et du fretin dessus, et du pain.
Jésus leur dit :
« Venez, déjeunez ! »
Pas un des disciples n'ose s'informer :
« Toi qui es-tu ? »
Ils savent que c'est le Seigneur.
Jésus vient, prend le pain, leur donne,
et le fretin de même.
C'est alors la troisième fois
que Jésus se manifeste à ses disciples,
réveillé d'entre les morts.

Commentaire :

L'appendice à l'Évangile de Jean (chap. 21) a une portée très riche : pêche miraculeuse, transmission de la houlette à Pierre, etc. A prendre seulement le récit de l'apparition on se retrouve dans le cadre de la Galilée : les disciples ont repris leur travail habituel et Jésus lui-même se livre aux tâches les plus familières, faire le feu, cuire le pain et le poisson sur la braise ; puis il les invite à déjeuner : rien de plus rassurant, de plus proche, de plus intime que cette présence du Ressuscité.

Répons :

Jésus qui s'est manifesté à ses disciples, une fois réveillé d'entre les morts

Oraison :

Jésus, tu as choisi de te manifester dans le cadre familier de la vie quotidienne, pour nous montrer que tu es là, proche dans toute notre vie. Donne-nous de vivre toujours en ta présence. Nous te le demandons par l'intercession de Marie, ta Mère. **Sainte Marie...**

5. Sur une montagne, aux Onze

Texte: Mt 28, 16-20

Les onze disciples vont dans la Galilée
sur la montagne que leur a fixée Jésus.
Ils le voient, se prosternent,
— mais quelques-uns hésitent...
Jésus s'approche et leur parle. Il dit:
« Tout pouvoir m'a été donné au ciel
et sur la terre.
Allez donc:
faites disciples toutes les nations,
baptisez-les
dans le nom du Père
et du Fils
et du saint Esprit.
Enseignez-leur à garder
tout ce que je vous ai commandé.
Et voici: moi, avec vous, je suis,
tous les jours,
jusqu'à l'achèvement de l'ère. »

Commentaire:

Cette montagne évoque celle du Sinaï, comme au début de l'Évangile le Sermon sur la montagne. Il s'agit d'une manifestation grandiose: Jésus affirme: « Tout pouvoir m'a été donné. » Les apôtres se prosternent et Jésus les envoie en mission universelle pour enseigner et baptiser toutes les nations.

Répons:

Jésus qui est avec nous jusqu'à la fin des temps

Oraison:

Jésus, qui as donné à ton Église la mission d'évangéliser tous les peuples, de les enseigner, de les baptiser, garde toujours en nous ce feu allumé et reste avec nous tous les jours. Nous t'en prions par l'intercession de Marie.
Sainte Marie...

12

Les pèlerins d'Emmaüs

En disant ce chapelet nous allons nous arrêter sur les étapes successives de ce récit. (Si on le peut il serait bon de le relire d'abord une fois tout entier.)

1. Deux faisaient route
2. Jésus faisait route avec eux
3. Jésus explique l'Écriture
4. Ils le reconnaissent
5. Ils racontent

1. Deux faisaient route

Texte: Lc 24, 13-14

Et voici, deux d'entre eux, ce même jour,
faisaient route vers un village
éloigné de soixante stades de Jérusalem,
du nom d'Emmaüs.
Ils s'entretenaient entre eux
de tout ce qui était arrivé.

Commentaire:

« Ce même jour », c'est le jour de Pâques, le jour de la Résurrection, l'événement majeur au centre du temps et de l'histoire humaine. Et ces deux hommes qui marchent sont dans le même état que l'humanité presque tout entière: ils discutent des événements du jour, des faits divers, ignorant que le Christ est ressuscité...

Répons:

Jésus ressuscité à l'aube du jour de Pâques

Oraison:

Seigneur Jésus, ce jour même où tu es ressuscité, ces deux hommes ne le savent pas, même s'ils l'ont entendu dire. Et depuis deux mille ans, des milliards d'hommes ne le savent pas non plus et

ne l'ont jamais entendu dire. Envoie-leur des messagers, suscite des apôtres pour leur apporter la Bonne Nouvelle. Nous te le demandons par l'intercession de ta Mère bénie.
Sainte Marie...

2. Jésus faisait route avec eux

Texte: Lc 24, 15-24 *(lecture abrégée)*

Or, tandis qu'ils s'entretenaient et discutaient,
Jésus lui-même s'approche et fait route avec eux.
Mais leurs yeux étaient empêchés
de le reconnaître.

Commentaire:

Jésus ressuscité fait route avec eux. Et un long dialogue va s'engager. Ce sont des disciples. Ils connaissent parfaitement la vie et les œuvres de Jésus. Ils disent quelle espérance les habitait. Ils rapportent même le témoignage décisif des femmes, corroboré par le constat des hommes. Et ils gardent l'air sombre: ils ont perdu toute espérance. Il ne suffit pas de connaître le contenu de la foi, il faut la foi, cette adhésion pleine d'amour qui nous met en contact avec la personne même de Jésus.

Répons:

Jésus qui chemine avec nous sur la route du monde

Oraison:

Jésus, maintenant que tu es entré dans ta gloire, tu nous accompagnes tout au long de notre che-

min. Tu es là et si souvent nous ne le savons pas ! Nous connaissons à peu près le contenu de notre foi, mais donne-nous la foi vive, cette adhésion personnelle dans l'amour et la confiance. Nous te le demandons par l'intercession de ta Mère très sainte.
Sainte Marie...

3. Jésus explique l'Écriture

Texte: Lc 24, 25-27

Jésus leur dit :
« Ô sans intelligence, cœurs lents à croire
à tout ce qu'ont dit les prophètes !
N'est-ce pas cela que devait souffrir le Messie
pour entrer dans sa gloire ? »
Et commençant par Moïse
et par tous les prophètes,
il leur interprète dans tous les Écrits
ce qui le concernait.

Commentaire :

Avant de se faire reconnaître par ses disciples, Jésus ouvre leur intelligence et leur cœur. Il leur explique le plan de salut de Dieu et le sens de sa Passion. Et leur cœur devient brûlant.

Répons :

Jésus, le Christ qui devait souffrir pour entrer dans sa gloire

Oraison :

Ô Christ glorieux, Christ ressuscité, ouvre notre intelligence et notre cœur pour que nous comprenions mieux l'Écriture et que nous entrions dans le mystère de la Rédemption ! Nous te le demandons par l'intercession de Marie.

Sainte Marie...

4. Ils le reconnaissent

Texte: Lc 24, 29-32

Jésus entre pour rester avec eux.
Or, quand il s'attable près d'eux,
prenant le pain, il bénit ;
après avoir partagé, il le leur remet.
Leurs yeux s'ouvrent : ils le reconnaissent.
Et lui ne leur devient plus perceptible.
Ils se disent entre eux :
« Notre cœur n'était-il pas brûlant en nous
quand il nous parlait sur le chemin
et qu'il ouvrait pour nous les Écrits ? »

Commentaire :

Après toute cette préparation catéchétique, après la marche sur la route, voici la rencontre vraie : Jésus entre pour rester avec les disciples dans le vis-à-vis, le face-à-face ; il partage le pain, et c'est la reconnaissance éblouissante : c'est lui, c'est Jésus ! Mais aussitôt il disparaît : après cet instant de certitude évidente, c'est la vie de foi qui commence pour jusqu'à la fin des temps.

Répons :

Jésus qui entre chez nous pour rester avec nous

Oraison :

Seigneur ressuscité, tu es sans cesse présent parmi nous. Donne-nous de te reconnaître, de croire à ta présence invisible et de vivre près de toi. Nous te le demandons par l'intercession de ta Mère. **Sainte Marie...**

5. Ils racontent

Texte: Lc 24, 33-35

Ils se lèvent à l'heure même,
et reviennent à Jérusalem.
Ils trouvent groupés les Onze et ceux d'avec eux qui disent :
« En réalité, le Seigneur s'est réveillé :
il a été vu par Simon ! »
Eux aussi racontent
ce qui est arrivé sur le chemin
et comment ils l'ont connu
au partage du pain.

Commentaire :

Le premier réflexe de celui qui est touché par Jésus est d'aller aussitôt annoncer la nouvelle. Les disciples d'Emmaüs vont l'annoncer aux Onze et Simon-Pierre l'a annoncé de son côté. Les témoignages se recoupent et construisent la foi de l'Église. Et ces témoignages et cette annonce de la Résurrection doivent continuer partout où il y a un disciple de Jésus.

Répons :

Jésus qui veut être annoncé par tous ceux qui l'ont reconnu

Oraison :

Jésus, ô Christ ressuscité, tu es venu nous délivrer du mal et de la mort. En entrant dans ta gloire tu as laissé des disciples pour annoncer au monde la Résurrection. Donne-nous ce zèle de l'apostolat, ce désir de te faire connaître à tous et d'aider ceux qui se donnent à la mission. Nous te le demandons par l'intercession de Marie ressuscitée auprès de toi.
Sainte Marie...

Annexes

1

Proposition d'autres thèmes

Jésus et sa mère

1. « Ton père et moi... » (Lc 2, 48)
2. Il leur était soumis (Lc 2, 51)
3. Cana (Jn 2, 1-5)
4. « Heureux plutôt... » (Lc 11, 2-28)
5. « Voici ton fils » (Jn 19, 25-27)

Jésus et les femmes

1. Jésus et la belle-mère de Pierre (Lc 4, 38-39)
2. Jésus — Marie, Jeanne et Suzanne (Lc 8, 1-3)
3. Jésus chez Marthe et Marie (Lc 10, 38-42)
4. Les femmes pendant la Passion (Lc 23, 49.55-56)
5. La Samaritaine (Jn 4, 7-30)

Jésus et les étrangers

1. Le centurion romain (Mt 8, 5-13)
2. La Cananéenne (Mt 15, 22-28)
3. La femme syro-phénicienne (Mc 7, 25-30)
4. Simon de Cyrène (Mt 27, 32)
5. Des Grecs (Jn 12, 20-26)

Les rencontres de Jésus

1. La veuve de Naïn (Lc 7, 12-15)
2. Zachée (Lc 19, 1-10)
3. Le scribe (Mc 12, 28-34)
4. L'homme riche (Lc 18, 18-23)
5. Les petits enfants (Mc 10, 13-16)

Paroles aux disciples

1. Vous êtes la lumière du monde (Mt 5, 14-16)
2. Heureux les pauvres (Mt 5, 3)
3. Venez les bénis de mon père (Mt 25, 34)
4. Quand vous priez... (Mt 6, 7-8)
5. Vous ne pouvez servir deux maîtres (Lc 16, 13)

Paroles de Passion

1. « Non comme moi je veux... » (Mt 26, 39)
2. « Père, pardonne-leur... » (Lc 23, 34)
3. « Aujourd'hui, tu seras avec moi dans le paradis » (Lc 23, 43)
4. « Femme, voici ton fils... » (Jn 19, 26-27)
5. « Père, en tes mains, je remets mon esprit » (Lc 23, 46)

Les noms de Jésus

1. Verbe (Jn 1, 1-3)
2. Fils de Dieu (Mc 1, 1 ; 15, 39)
3. Seigneur (Mt 22, 42-45)
4. Messie (Mc 8, 27-29)
5. Dieu (Jn 20, 28)

1. Jésus de Nazareth (Mt 2, 23)
2. Fils de David (Mt 9, 27)
3. Sauveur (Mt 1, 21 ; Lc 2, 11)
4. Maître et Seigneur (Jn 13, 13-14)
5. Roi des juifs (Jn 1, 49; 19, 19)

Jésus prie

(1)

1. Au baptême (Lc 3, 21)
2. Il se retirait dans les déserts (Lc 5, 15-16)
3. En pleine nuit... A part (Mc 1, 35; Mt 14, 23)
4. Avant de choisir les Douze (Lc 6, 12-13)
5. Avant de livrer le Notre Père (Lc 11, 1)

(2)

1. Avant la confession de Pierre (Lc 9, 18)
2. A la transfiguration (Lc 9, 28)
3. Pour la foi de Pierre (Lc 22, 31-32)
4. A Gethsémani (Mt 26, 36; Lc 22, 46)
5. Sur la croix (Lc 23, 46)

Les chrétiens prient

(1)

1. Quand vous priez (Mt 6, 5-8)
2. Priez pour ceux qui vous calomnient (Lc 6, 28)
3. Un démon ne peut sortir... (Mc 9, 29)
4. Si deux s'accordent... (Mt 18, 19-20)
5. Priez le Seigneur... (Lc 10, 2)

(2)

1. Seigneur, apprends-nous à prier (Lc 11, 1)
2. Demandez... (Mt 7, 7-11)
3. Tout ce que vous demanderez dans la prière (Mc 11, 24)
4. Quand vous êtes debout pour la prière... (Mc 11, 25-26)
5. En tout temps, implorez ! (Lc 21, 36)

2

Proposition pour une traduction de la 1re partie de l'*Ave Maria*

Grâce sur toi, Comblée de grâce !
 Le Seigneur avec toi !
Tu es bénie entre les femmes
et ton fils est béni,
 Jésus.

Le salut de l'ange

Le salut de l'ange est extrêmement bref : deux mots, huit syllabes. En grec les mots sont de même racine et approximativement de même consonance (comme en français on pourrait dire : Salut, sauvée ! ou Joie, joyeuse ! ou Grâce, graciée !). Il faudrait donc une traduction qui rende la paronomase[1] en même temps que la valeur théologique du texte.

1. Paronomase : « la pause s'impose », « qui s'excuse s'accuse ».

1re ligne: Grâce sur toi, Comblée de grâce !

Le mot grec *khaïré* signifie à la fois « salut », « joie », « grâce ».

« Salut ! » : c'est le mot habituel, encore en grec moderne, pour dire « bonjour » (cf. Mt 28, 9). C'est le sens adopté par la traduction traditionnelle : « Je vous salue... ».

« Joie » : est plus proche des annonces prophétiques. Malheureusement le verbe voisin en français, « jouir » est devenu trivial, et « réjouir » qui a été adopté par certaines traductions n'a guère de résonances spirituelles : des « grandes réjouissances », une « mine réjouie » n'évoquent pas précisément la joie du Saint-Esprit.

C'est pourquoi je propose « grâce ». Et comme, en français, ce mot à lui seul ne forme pas une salutation, il faut ajouter le complément indispensable : « sur toi ». (En regrettant la mauvaise rencontre (grâ(ce)-sur : comment pourrait-on l'améliorer ?)

Kékharitoméné, comblée de grâce : le mot est de la même racine que « grâce » et de sonorité voisine. Il vient du verbe *kharitoô* qu'on ne retrouve dans le Nouveau Testament qu'en Éphésiens 1, 6 : « La grâce qui nous est accordée dans le Fils bien-aimé. » Et c'est un participe parfait passif, un temps que le français ne possède pas et qui dit le résultat présent d'une action passée qui dure : Marie a été comblée de grâce dès l'origine et cela continue.

C'est ce que la réflexion théologique exprimera par la formule de « l'Immaculée Conception » qui essaye d'expliciter la richesse du « comblée de grâce ». Et le rapprochement entre les deux mots suggère quelque chose de la relation entre le mystère de l'Incarnation et celui de l'Immaculée Conception : à cette « comblée » de grâce dès l'origine, l'Ange, en ce jour de l'Annonciation dit : « Grâce sur toi. » C'est une grâce nouvelle, absolument sans commune mesure avec aucune autre qui lui advient : la présence du Seigneur en elle, l'incarnation du Fils de Dieu. Et cette grâce suprême explique en même temps pourquoi dès l'origine elle a été comblée. C'est ce que la traduction tente de rendre par le redoublement du mot « grâce ».

Il est important de remarquer que le nom de Marie n'est pas mentionné dans le texte. Ainsi, cette qualité de « comblée de grâce » devient un appellatif, comme le nom propre qui dit la personne. Quand on ajoute « Marie », « comblée de grâce » devient une simple épithète, une qualité attribuée à la personne, comme on dirait « toute pure » ou « aimée de Dieu ». C'est diminuer considérablement la portée théologique du texte qui fait de « Comblée de grâce » comme le nom propre de Marie : l'adjectif substantifié exprime son être.

2e ligne : le Seigneur avec toi !

Pas de verbe en grec, le français ne l'exige pas. La phrase nominale se suffit et le rythme est meilleur. Mais on peut l'ajouter…

Le salut d'Élisabeth

3e ligne : Parmi les femmes

« Parmi » : les langues sémitiques n'ont pas de superlatifs. Pour distinguer un individu, on le prend au milieu de la masse de ses semblables : bénie « parmi » les femmes signifie : plus que toutes les femmes. Le « toutes » de la traduction courante n'est pas dans le texte, ni même dans la traduction latine : « *in mulieribus* ».

4e ligne : Et ton fils est béni

« Ton fils » : la traduction littérale, « le fruit de ton ventre », ne passe guère en français, pas plus que « le fruit de vos entrailles », que seule une longue accoutumance, commencée dès avant l'âge de raison peut nous faire accepter. En français, « ton fils » est bien ce qui rend le mieux le sens du texte : il insiste sur la filiation, sur la relation de maternité, alors que « ton enfant » évoque trop l'« enfant Jésus » : enfant soulignant l'inachèvement de la croissance. D'un homme de trente ans on ne dit pas qu'il est l'« enfant » d'une telle, mais le « fils ».

Le mot « Jésus » n'est pas dans l'Évangile. Le latin l'a ajouté avec à propos à la fin du texte : « *fructus ventris tui Jesus* ». Les traductions françaises courantes le glissent au milieu de la phrase.

Il serait préférable de respecter la teneur du texte inspiré et de réserver le nom de Jésus pour la fin : on n'altère en rien le texte et cela donne un point d'appui qui permet d'accrocher un répons dans la prière alternée — par exemple : ... et ton fils est béni, Jésus, qui est venu pour nous sauver.

Parallélisme

Le parallélisme des deux parties est bien remarquable : les deux saluts contemplent d'abord la grâce et la bénédiction unique de Marie. Puis ils passent à sa relation unique au Seigneur qui est avec elle, qui est son fils béni.

Ainsi, une traduction aussi décapée que possible nous permet de pénétrer plus profondément le mystère de Marie et sa place dans l'œuvre du salut.

Table des thèmes

Autres thèmes :

Table

Prier l'Évangile avec le Rosaire

Annexes

Achevé d'imprimer le 12 avril 1994
dans les ateliers de Normandie Roto Impression s.a.
61250 Lonrai
pour le compte des Éditions Desclée de Brouwer
N° d'imprimeur : I4-0540
Dépôt légal : avril 1994

Imprimé en France

